Miriam Junge

Kleine Schritte mit großer Wirkung

Miriam Junge

Kleine Schritte mit großer Wirkung

Mit minimalen Veränderungen
zu maximaler Zufriedenheit

Kösel

Sollte diese Publikation Links auf Webseiten Dritter enthalten, so übernehmen wir für deren Inhalte keine Haftung, da wir uns diese nicht zu eigen machen, sondern lediglich auf deren Stand zum Zeitpunkt der Erstveröffentlichung verweisen.

MIX
Papier | Fördert gute Waldnutzung
FSC® C083411

Klimaneutral
Druckprodukt
ClimatePartner.com/14044-1912-1001

Penguin Random House Verlagsgruppe FSC® N001967

2. Auflage 2022

in der Penguin Random House Verlagsgruppe GmbH,
Neumarkter Str. 28, 81673 München
Umschlag: Weiss Werkstatt München
Redaktion: Judith Mark
Druck und Bindung: CPI books GmbH, Leck
Printed in Germany
ISBN 978-3-466-34750-6
www.koesel.de

Inhalt

Einleitung

Eine Schwalbe allein macht noch keinen Sommer. Natürlich nicht. Aber viele einzelne Schwalben zusammen ergeben einen Schwarm. Fragst du einen Landwirt, wird er sagen: »Kleinvieh macht auch Mist.« Recht hat er!

Dieses Grundprinzip lässt sich auch auf unser Verhalten anwenden. Wir können uns viele kleine Verhaltensänderungen – sogenannte *Micro Habits* – zunutze machen, um unsere persönlichen Möglichkeiten zu erweitern. Dazu gehört auch, schlechte Gewohnheiten zu erkennen und abzulegen. Übertragen auf unseren Alltag heißt das, dass wir mit kleinen Schritten große Ziele leichter erreichen.

Ich bin Miriam Junge, psychologische Psychotherapeutin für Verhaltenstherapie und Coach in Berlin. Ich höre täglich in meiner Praxis, in meinem Freundeskreis und in meiner Familie Aussagen wie, »Irgendwie schaffe ich es nicht regelmäßig …«, »Ich kann nicht aufhören …«, »Ich bin unzufrieden, weil …«, »Warum bekomme ich es nicht hin …«. All diese Sätze und die damit verbundenen Gewohnheiten halten uns langfristig davon ab, zufrieden mit uns zu sein.

Redewendungen, wie z. B. »Der Weg ist das Ziel« oder »Rom wurde nicht an einem Tag erbaut«, kennst du sicher – aber ist dir auch bewusst, was sie im Alltag für dich bedeuten und setzt du sie entsprechend um?

Wir können das Bewusstsein für kleine Schritte und Veränderungen entwickeln, um so schließlich unser gesamtes Potenzial auszuschöpfen. Auf diese Weise lernen wir, zufriedener und gelassener zu werden.

Nehmen wir den Gipfel eines Dreitausenders. Es scheint zunächst unmöglich, diesen Berg zu bezwingen. Doch treten wir einen Schritt zurück, um die Situation zu analysieren, erkennen wir eine Struktur: einzelne Etappen, die sich wiederum aus verschiedenen Wegabschnitten zusammensetzen, die man mit einzelnen Schritten beschreiten kann. Die Summe aller Schritte bringt uns ans Ziel.

Was bedeutet das im Alltag? Wir haben oft ein Ideal von uns selbst vor Augen. Es ist schließlich hip, achtsam und umweltbewusst zu leben, keinen Alkohol zu trinken, Sport zu treiben und am Ende trotzdem oder gerade deswegen ausgeglichen und glücklich zu sein. Am besten alles auf einmal und jetzt sofort. Aber wie soll das gehen?

Das klingt schließlich nach anstrengender Selbstdisziplin und nach Arbeit. Doch man beginnt immer mit dem ersten Schritt, und der muss gar nicht so groß sein, wie wir denken.

Egal, wie die eigenen Ziele auch aussehen – in diesem Buch beginnen wir gemeinsam. Und zwar am Anfang. Mit dem ersten Schritt. Übrigens: Ein Buch zu schreiben erschien mir als große Herausforderung, als unerreichbares Ziel. Viele Seiten, die gefüllt werden wollten. Der Cursor blinkt, das digitale Weiß verhöhnt mich. Wie fange ich an? Die Herausforderung besteht zunächst darin, zu erkennen, was uns am Erreichen unserer Ziele und Wünsche eigentlich hindert. Wir müssen lernen, ungute Verhaltensweisen und Denkmuster als solche zu erkennen und stattdessen positive Gewohnheiten zu stärken oder zu etablieren. Kurz: Wir lernen, welche kleinen Veränderungen im Alltag eine große Wirkung entwickeln können. Dafür schulen wir unser Bewusstsein und üben, auch kleine Erfolge wertzuschätzen. Wir dürfen uns nämlich auch zwischendurch – auf dem Weg ans große Ziel – ruhig mal auf die eigene Schulter klopfen, uns belohnen und stolz auf uns sein.

Wir leben in einer Gesellschaft, in der Selbstoptimierung und Effizienz großgeschrieben werden. Ständig stehen wir unter Leistungsdruck und sollen alles auf einmal und am besten schon gestern geleistet haben. Eine Vielzahl an Möglichkeiten zwingt uns, Entscheidungen zu treffen. Dabei verlieren wir oft unsere persönlichen Ziele aus den Augen. Wir rennen gewissermaßen mit Scheuklappen auf eine Ziellinie zu – auf die Beendigung des Projekts, die Abgabe der Hausarbeit oder eine Vertragsunterzeichnung. Dabei übersehen wir, dass schon die Etappen kleine Siege sind, die am Ende das Erreichen des übergeordneten Ziels erst ermöglichen. Dieses Ziel kann Glück, Zufriedenheit, die eigene Weiterentwicklung, den eigenen Erfolg bedeuten.

Doch was ist Erfolg? Ist es Geld auf dem Konto, sind es Klicks und Likes, sind es Anerkennung und Wertschätzung im Job oder Glück und Zufriedenheit in Beziehungen? Oder bedingt das eine am Ende gar das andere?

Der eigentliche, persönliche Erfolg ist oft nicht greifbar, nicht messbar, nicht sichtbar – Glück und Erfolg sind individuell. Erfolg ist, was wir daraus machen. Wenn wir nämlich zu unserem Ausgangspunkt zurückblicken, erkennen wir, wie weit wir mit vielen kleinen Schritten schon gekommen sind. Sie sind unsere Werkzeuge: kleine Schritte, kleine Entscheidungen, kleine Veränderungen.

In diesem Buch gebe ich dir praktische Übungen an die Hand, mit deren Hilfe du deine Gewohnheiten ändern und deine selbst gesteckten Ziele erreichen kannst. Du lernst, gute von weniger guten Verhaltensweisen zu unterscheiden sowie dich und deine noch so kleinen Erfolge wertzuschätzen. Die einfachen, alltagstauglichen Aufgaben, die ich dir gebe, bieten dabei Orientierung und eine Struktur für mehr Effizienz. Ganz nebenbei gewinnst du mehr Zeit für dich selbst und damit mehr Lebensqualität. Wir üben auch, aus Rückschlägen zu lernen und durchzuhalten. Dafür ist es wichtig, den Wert simpelster Entscheidungen zu entdecken: Nehmen wir die Treppe oder den Aufzug? Was nutzt im Moment und was bringt uns auf Dauer weiter? Welche Veränderungen bringen uns in Einklang mit uns selbst, unseren Wünschen und Überzeugungen?

Wir beginnen mit den kleinen Hürden, die für jeden machbar sind. Und wenn nicht, darf man die Messlatte ruhig auch tiefer hängen. Mit kleinen Veränderungen und ein bisschen Übung kommt man schließlich rüber.

Am Ende können wir alle mehr erreichen, als wir uns selbst zutrauen!

Kapitel 1: Wie kleine Gewohnheiten große Veränderungen bewirken

Die Sache mit dem Handy neben dem Bett

Vor ungefähr zwei Jahren hatte ich mir fest vorgenommen, morgens nur meinen Handywecker aus- und nicht das Handy sofort wieder einzuschalten. So wollte ich verhindern, dass ich gleich nach dem Aufwachen neue Nachrichten lese.

Mir ist es wichtig, morgens selbstbestimmt und achtsam in den Tag zu starten, ohne gleich von Außenreizen überflutet zu werden. »Das kann ja nicht so schwer sein«, dachte ich mir. Aber ich habe mich regelmäßig dabei ertappt, dass ich dann doch – schlaftrunken und unbewusst – sofort das Handy eingeschaltet haben muss. Denn plötzlich erschienen neue E-Mails, Nachrichten und Erinnerungen auf meinem Handydisplay. Sobald mir bewusst wurde, dass ich ungewollt mit Informationen überflutet wurde, musste ich mich fast dazu zwingen, das Handy wieder wegzulegen. Ich konnte allerdings nicht mehr ändern, dass meine To-do-Liste mit unbeantworteten Nachrichten auf mich wartete. Die Achtsamkeit war dahin, und ich konnte nicht mehr so selbstbestimmt in den Tag starten, wie ich es mir eigentlich vorgenommen hatte. »Morgen dann wieder …«, aber es kam immer mal wieder vor, dass ich einfach automatisch das Handy anschaltete.

Wie sollte ich das ändern? Ich musste mich austricksen. Das innere Muster des Handyanschaltens hatte sich tief eingeprägt. Ich legte mir schließlich einen analogen Wecker zu, und mein Handy musste über Nacht im Badezimmer bleiben. Zu Beginn fühlte sich das wie ein kleiner Entzug an. Ich mochte den schrillen Weckton des Weckers nicht, hörte nachts sein Ticken, war genervt und frustriert und wünschte mir einfach mein Handy ans Bett. Aber ich wollte auch unbedingt morgens das Gefühl haben, ohne Nachrichtenflut in den Tag starten zu können.

Also musste ich mich gegen eine kurzfristige Bedürfnisbefriedigung und für eine langfristig zufriedenere, selbstbestimmte Miriam entscheiden, die durch all diese Unannehmlichkeiten eben durch musste.

Nach drei Tagen waren die »Entzugssymptome« abgeklungen, und ich konnte das Handy wieder neben mir am Bett liegen haben, um morgens per App eine kleine Morgenmeditation im Bett zu machen – im Flugmodus! Das ist seitdem auch so geblieben – ich habe das für mich negative Verhaltensmuster durchbrochen und dafür ein neues, wohltuendes Verhalten in meinen Alltag integriert.

Vielleicht fragst du dich, warum es so schwierig ist, positive Gewohnheiten und Verhaltensweisen langfristig beizubehalten – regelmäßigen Sport, kleine Pausen während der Arbeit, rechtzeitig ins Bett gehen, am Abend nach 17.00 Uhr keinen Kaffee mehr trinken, nach 21.00 Uhr nichts schwer Verdauliches mehr essen …

Immer wieder nehmen wir uns Dinge vor und schaffen es letztlich nicht, sie langfristig umzusetzen – das kann sehr frustrierend sein. Doch durch genaues Hinsehen können wir lernen, Verhaltensweisen zu vermeiden, die uns davon abhalten, zufrieden zu sein.

Ein für mich sehr einprägsames Beispiel ist die Geschichte eines guten Freundes, dessen Mutter vor einigen Jahren schwer erkrankte. Ihm wurde plötzlich klar, dass er sich zu selten bei seiner Mutter gemeldet hatte, und er versprach ihr, sie ab jetzt jeden Tag anzurufen. Am Anfang fiel ihm das schwer, weil er sich von einem weiteren To-do gestresst fühlte. Auf der anderen Seite war es ihm aber enorm wichtig »ein guter Sohn« zu sein und das mit einem täglichen Anruf bei seiner Mutter zu beweisen. Das Gestresst-Sein legte sich von Tag zu Tag mehr, und nun telefonieren die beiden seit einigen Jahren täglich – es ist zu einer Gewohnheit geworden, auch jetzt, wo seine Mutter wieder gesund ist. Es fehlt ihm sogar etwas, wenn er es mal nicht schafft, sich bei ihr zu melden. Beide freuen sich darauf.

Meine Geschichte der morgendlichen Handy-Gewohnheit und das Anruf-Ritual meines Freundes sind nur stellvertretende Beispiele für viele Dinge aus unserem Alltag. Du siehst, du bist wirklich nicht alleine. Lass uns starten!

Damit du dir einen Überblick verschaffen kannst, welche kleinen Schritte dir zu maximaler Zufriedenheit verhelfen, gebe ich dir einfache Tipps, wie du ungute Angewohnheiten ablegen kannst. Ich leite dich in diesem Buch Schritt für Schritt an, zu erkennen, …

- was dir im Weg steht,
- wie dein Weg zu deinen eigenen Zielen aussehen kann,
- welche Gewohnheiten dir guttun und welche du lieber ablegen solltest,
- wie deine Gewohnheiten und Muster entstanden sind,
- wieso einige Gewohnheiten früher wichtig waren und heute sinnlos sind,

- nach welchen Prinzipien du handelst,
- welche Auswirkungen Gewohnheiten auf deine Persönlichkeit, dein Leben und deinen Blick auf dich selbst und deine Umwelt haben,
- wie du deine Komfortzone (also den Bereich dessen, was du gut kennst und womit du dich wohlfühlst) verlassen kannst,
- wie du eine neue Gewohnheit in dein Leben integrierst,
- wie lange es dauert, bis eine neue Gewohnheit gefestigt ist,
- wie du Prokrastination (also das Aufschieben anstehender Aufgaben) vermeiden lernst,
- wie es dir gelingt, dranzubleiben,
- wie du dich richtig belohnst,
- was passiert, wenn es dir nicht gelingt, deine Gewohnheiten langfristig zu verändern, und
- wie du achtsam mit dir bist.

Wenn du unter den oben genannten Stichpunkten Themen findest, die dir bekannt vorkommen, ist jetzt der richtige Zeitpunkt, kleine Veränderungen in deinem Leben anzugehen, um Großes zu bewirken. Am Ende eines jeden Kapitels findest du Übungen zu den verschiedenen Themen. Ich habe hinter den meisten Übungen den ungefähren Zeitaufwand für dich abgeschätzt. Einige Übungen sind jedoch sehr individuell zugeschnitten – nimm dir dafür so viel Zeit, wie du brauchst. Du wirst auch immer wieder kleine Hausaufgaben vorfinden, die dir helfen, im Alltag deine Veränderungen im Blick zu behalten. Ich empfehle dir, ein kleines Notizbuch anzulegen – egal, ob digital oder analog –, damit du jederzeit aufschreiben kannst, was dich beim Lesen und beim Durchführen der Übungen inspiriert. Die besten Ideen wirst du womöglich an ungewöhnlichen Orten haben.

Aufmerksam werden für störende Gewohnheiten

Bei mir war es das Handy am Bett – was ist es, das bei dir morgens oder zu anderen Zeiten Stress und Unruhe bringt? Musst du beispielsweise auf dem Weg zur Arbeit immer hetzen? Stürzt du dich abends, sobald du nach Hause kommst, gleich an den heimischen Schreibtisch, ohne Pause zu machen? Geh gedanklich deinen Tagesablauf durch und sieh nach. Schreib in dein Notizbuch, was dir aufgefallen ist. Mit dem bloßen Wahrnehmen dessen, was dich stört, hast du schon einen wichtigen ersten Schritt getan.

Im nächsten Schritt kannst du überlegen, was du anders machen willst. Wie könnte eine gute neue Gewohnheit aussehen? Du könntest beispielsweise den Wecker fünf Minuten früher stellen, um morgens nicht mehr hetzen zu müssen. Du könntest dir abends, wenn du nach Hause kommst, erst einmal einen Tee kochen oder am offenen Fenster drei tiefe Atemzüge nehmen, bevor du dich der nächsten Aufgabe zuwendest.

Schreib deine Ideen in dein Notizbuch.

Micro Habits – warum Kleinvieh auch Mist macht

»Kleinvieh macht auch Mist« – schon mal gehört? In unserem Kontext bedeutet dieser Spruch, dass es Verhaltensweisen gibt, die ganz klein und scheinbar unbedeutend sind, aber dennoch eine große Wirkung entfalten – sogenannte »Micro Habits«. Und gerade weil Micro Habits so klein sind, kannst du sie im Alltag einfach umsetzen. Der Autor James Clear spricht sogar von »Atomic Habits«. Ein Atom ist die kleinste Einheit eines jeden chemischen Elements und damit auch die kleinste Einheit von uns Menschen. Gut, aber was sollte es nun bringen unser Verhalten atomisch minimal zu verändern?

In seinem Buch *Atomic Habits* berichtet James Clear von den Erfolgen des britischen Radtrainers Dave Brailsford. Brailsford war Manager des britischen Profi-Radrennteams »Sky«, dessen Fahrer*innen mehrfach die Tour de France gewannen. Bei den Olympischen Spielen 2012 in London führte Brailsford die Radsport-Mannschaften von Großbritannien und Nordirland an die Spitze des Medaillenspiegels. Wie hat er das nur geschafft?

Brailsford trainierte seine Sportler mit dem Konzept des »Ansammelns kleiner Gewinne«. Sein Fokus lag auf dem Erreichen einprozentiger Verbesserungen – aber in allen Bereichen. Brailsford war überzeugt, dass sich diese kleinen Gewinne zu einer beachtlichen Verbesserung addieren. Also wenn man sich stetig um ein Prozent verbessert, ist das Gesamtergebnis letztendlich doch ein großer Schritt nach vorne. Das bedeutet, jede noch so kleine Veränderung zählt. Zu Brailsfords Konzept gehörte daher auch, dass er nicht nur das Radfahren an sich in den Blick nahm, sondern z. B. auch, welches Kopfkissen den erholsamsten Schlaf bietet oder welches Massagegel am besten wirkt. Brailsford vertraute in die Summe aller Dinge und optimierte seine Athleten bis ins kleinste Detail. Er nahm keine großen Veränderungen vor, sondern viele kleine. Der Erfolg gab ihm recht.

Brailsfords Ein-Prozent-Konzept lässt sich gut auf unseren Alltag übertragen. Hast du z. B. das Ziel, gesünder zu leben? Dann frag dich: Was ist *jetzt* das kleinstmögliche Ziel, der kleinste Schritt auf dem Weg zu deinem großen Ziel, gesünder zu leben? Mach dir bewusst, dass das Ganze ein Prozess ist und nicht von jetzt auf gleich passieren wird. Wenn du heute nur Obst isst, wirst du morgen noch kein vor Gesundheit strotzender Mensch sein. Erfolg bedeutet in diesem Fall nicht, dass du dich an einem Tag gesund ernährst. Erfolg ist schon die winzig kleine Entscheidung, die du getroffen hast, gerade etwas Gesundes gegessen zu haben. Erfolg ist, wenn du entscheidest, nicht aus Stress, Druck oder Frust wahllos Essen in dich hineinzustopfen.

Ein Micro Habit ist der kleinste, einfachste Schritt im Hier und Jetzt, der dich deinem Ziel ein Prozent näher bringt.

Ebenso kannst du ab sofort immer die Treppe anstelle des Aufzugs nehmen. Damit hast du jeden Tag die Chance, einen Schritt in die Richtung deines Ziels zu gehen. Sei stolz auf diese Etappenziele – du bist einen Schritt in die richtige Richtung gegangen.

Viele kleine Schritte bringen Bewegung und Veränderung – es tut sich was. Langfristige Veränderungen sind kein Sprint, sondern ein Marathonlauf.

Vielleicht besteht dein erster Schritt zu einem gesünderen Leben auch darin, morgens auf Zucker in deinem Kaffee zu verzichten. Nimm jeden Moment achtsam wahr – jede noch so kleine Möglichkeit, dich auf dein Ziel zuzubewegen. Betrachte den Verzicht auf ein Stück Zucker im Kaffee als kleine Herausforderung – als Herausforderung, die du leicht meistern kannst, wenn du nur willst. Versuche zu Beginn wirklich nur ganz kleine Veränderungen in deinen Alltag einzubauen. Mach dir keine starren Pläne – so bleibst du flexibler. Mit starren Plänen setzt du dich unnötig unter Druck und hemmst dich. Du hast jeden Moment die Chance, immer wieder neu zu schauen, was im Hier und Jetzt der kleinste Schritt ist, um zu deinem größeren Ziel zu gelangen.

Wenn zu deinem Konzept, gesünder zu leben, z. B. Joggen gehört, ist nicht das Ziel, dass du mindestens fünf Kilometer joggen gehst, sondern, dass du überhaupt joggen gehst. Wenn du es dann noch im Regen geschafft hast, sei doppelt stolz! Manchmal hilft es, schon vorher deine Sportkleidung bereitzulegen oder dich mit einer Freundin zum Joggen zu verabreden. Nimm diesen Prozess achtsam wahr und mach dir deine kleinen Erfolge bewusst. Dabei ist es völlig egal, für wie unwichtig und klein du sie hältst – du hast damit begonnen, Dinge anders zu machen. Setz dir kleine Ziele, die sogenannten Micro Habits.

Es ist wichtig, dass du nicht nur auf das Ergebnis oder Ziel am Ende achtest. Für andere wirkt es oft so, als hätten wir plötzlich vier Kilo verloren, gleichzeitig mit dem Rauchen aufgehört und wären von heute auf morgen in der Lage, sechs Kilometer am Stück zu laufen. NEIN, hinter all dem stehen viele kleine, verschiedene Schritte, die zum Ziel geführt haben. Achtsamkeit und das Bewusstmachen der Bedeutung kleinster Schritte sind elementar. Erfolgreich bist du, wenn du dich im Augenblick so verhalten hast, dass es zu deinem Ziel passt. Feier dein neues Verhalten, nimm dein neu erlerntes Micro Habit wahr!

Ich wünsche mir für dich, dass du erkennst, dass alleine das Lesen dieses Buches bedeutet, dass du dich auf den Weg hin zur Veränderung gemacht hast. Bereits durchs Nachdenken verlässt du deine Komfortzone – und nur so kannst du dich weiterentwickeln und dazulernen. Ziel ist, dass du wahrnimmst, dass auch einfach wirkende Maßnahmen Schritte sind, die dich in deinem Leben weiterbringen. Und auf diese Schritte kannst du stolz sein.

Dein Micro Habit im Hier und Jetzt

Stelle dir fünfmal am Tag die Frage: Was ist *jetzt* das kleinstmögliche Ziel, der kleinste Schritt, um mein übergeordnetes Ziel zu erreichen?

Ein übergeordnetes Ziel kann hier sein:

- einem Mitmenschen etwas Gutes zu tun,
- etwas Gutes, Energiespendendes zu essen, damit du heute fit bist,
- eine achtsame Pause zwischendurch zu machen oder
- heute Abend zufrieden ins Bett zu gehen.

Also frag dich: Was ist dein Micro Habit für *diesen Moment*?

Nimm dir z. B. vor, die Person, die dir als nächste begegnet, freundlich anzulächeln. Oder plane einen Einkauf, bei dem du dir anstelle von Chips und Schokolade Nüsse oder andere gesunde Lebensmittel gönnst. Mach dir eine Einkaufsliste! Oder bereite dir ein Getränk zu, das du in einer Pause genießen kannst. In der Pause wiederum kannst du auch notieren, was du eigentlich in den letzten 30 Minuten alles erledigt hast. So hast du abends das gute Gefühl, produktiv gewesen zu sein. Oder baue hier und jetzt einfach eine kleine Achtsamkeitsübung ein, in der du für 60 Sekunden die Augen schließt und viermal tief ein- und ausatmest. Auch das ist vermutlich mehr, als du bisher für dich getan hast.

Als Hilfestellung kannst du dir Kalendereinträge oder Erinnerungen im Handy speichern, die dich fünfmal am Tag an deine kleine Micro-Habit-Hausaufgabe erinnern. Natürlich geht das auch mit einem klassischen analogen Kalender, in den du regelmäßig hineinschaust.

Kapitel 2: Gewohnheiten – wieso sie Fluch und Segen sind

Gewohnheiten sind gut. Und schlecht zugleich. Unser Gehirn macht da keinen Unterschied. Denn Gewohnheiten sind einerseits Routinen, die uns Struktur und Sicherheit vermitteln. Andererseits halten uns viele Gewohnheiten in Verhaltensweisen fest, die uns nicht guttun und/oder uns einschränken. Diese Art Gewohnheiten ist uns oft nicht einmal bewusst. Damit du mit kleinen Veränderungen im Alltag für langfristige Zufriedenheit in deinem Leben sorgen kannst, ist es wichtig, dass du weißt, wie Gewohnheiten entstehen und was Gewohnheiten eigentlich sind.

In diesem Kapitel beschreibe ich dir, warum gewohnte Hintergrundprozesse ein kuscheliger, energiesparender Komfortmodus für unser Gehirn sind. Du wirst lernen, warum der Autopilot-Modus der Gewohnheiten uns Orientierung und Struktur gibt. Denn Gewohnheiten haben tatsächlich Einfluss auf unser Gehirn, und umgekehrt hat das Gehirn Einfluss auf unsere Gewohnheiten, beziehungsweise deren mögliche Veränderung.

Auf der anderen Seite wirst du erkennen, dass der komfortable Gewohnheitsmodus des Gehirns auch unsere Wahrnehmung und Achtsamkeit einschränkt und es uns dadurch schwerfällt, unser

Verhalten zu ändern. Du nimmst manches schlicht nicht mehr wahr, funktionierst stattdessen wie eine programmierte Maschine. Gewohnheiten können also auch Gleichförmigkeit bedeuten, die dich daran hindert dich weiterzuentwickeln.

Darum ist es so wichtig, dass wir uns bestimmte Verhaltensmuster und Abläufe immer wieder bewusst machen und unser Repertoire an Denk-, Fühl- und Verhaltensmustern hinterfragen und, wenn nötig, ändern. Vielleicht sind manche unserer altvertrauten Verhaltensmuster längst nicht mehr zweckmäßig, nur bekommen wir das nicht mit. Doch ein Leben ohne Veränderung ist unrealistisch. Aktiver Wandel bedeutet: Wir suchen uns Veränderungen aus und wachsen dadurch. Das schärft den Blick und erweitert den Horizont.

Vor- und Nachteile von Gewohnheiten

Du liest dieses Buch, weil du Gewohnheiten ändern willst? Jetzt halt dich fest: Gewohnheiten an sich sind eine gute Sache! Denn, wie der Hirnforscher Gerhard Roth feststellt, braucht die Auseinandersetzung mit neuen und komplizierteren Herausforderungen Aufmerksamkeit und Konzentration, weshalb unser Gehirn versucht, möglichst häufig auf routinierte Abläufe zurückzugreifen.[1] Bestimmte Prozesse müssen also automatisiert ablaufen. Du denkst nicht darüber nach, atmen zu müssen, es passiert einfach. Du überlegst auch nicht lange, ob dein Herz schlagen soll, es pumpt einfach.

Ähnlich ist es bei bestimmten Verhaltensweisen. Du denkst schließlich auch nicht darüber nach, wie du gehst. Nicht mehr. Beim Laufenlernen musste dein Gehirn noch ganz schön überlegen … erst der linke, dann der rechte Fuß, dann wieder der linke … aber irgendwann ist diese Bewegung automatisiert, quasi in Fleisch und Blut übergegangen, und »es läuft« wortwörtlich von allein. Das ist ein Vorteil, denn die »Rechenkapazität«, die mentale Energie unseres Gehirns kann so für andere Dinge verwendet werden.

Gewohnheiten sind der Energiesparmodus des Gehirns. Dieser Modus stellt sicher, dass du auch in stressigen Situation nicht vollkommen nicht funktionierst. Wenn du verschlafen hast und unter Zeitdruck zur Arbeit musst, findest du trotzdem den Weg. Du musst nicht darüber nachdenken, in welche Bahn du steigst oder wo du abbiegen musst. Auch das Zähneputzen funktioniert – einmal gelernt – als Hintergrundprozess, sodass du währenddessen über andere Dinge nachdenken kannst, etwa, was du heute anziehst oder welche Termine anstehen. Ist das nicht praktisch? Gewohnheiten machen unser Leben leichter. Ohne sie wäre unser Gehirn völlig reizüberflutet und überfordert von den Herausforderungen des Alltags.

Gewohnheiten sind also ein Luxus, ein kuscheliger Komfort, denn unser Gehirn spart sich dadurch viel Arbeit. Wolfram Schultz, Professor für Neurowissenschaften an der University of Cambridge, geht sogar noch weiter. Er sagt, Gewohnheiten seien kleine Süchte.[2]

Wenn du nämlich merkst, dass ein bestimmtes Verhalten zu einer Belohnung führt, wiederholst du es automatisch. Wenn du morgens z. B. einen Kaffee trinkst und er dich durch seine wohlige Wärme entspannt oder durch das Koffein wacher macht – warum solltest du nicht gleich noch einen Kaffee trinken? Und noch einen? Das Gehirn schüttet dann Botenstoffe aus, durch die wir uns wohlfühlen. Diese Belohnungen – nennen wir sie »Gehirn-Leckerlis« – erzeugen ein Verlangen, das verankert wird.

Gewohnheiten verändern also unser Gehirn. Bestimmte Strukturen werden durch Wiederholung gefestigt.

Gewohnheiten geben uns Sicherheit.

Im Alter nimmt die Zahl der Gewohnheiten zu. Du sammelst sie über die Jahre, denn neue Gewohnheiten zu erlernen ist leichter, als alte Gewohnheiten loszulassen. Du hast dich vielleicht daran gewöhnt, morgens Kaffee zu trinken, den Müll zu trennen, den immer gleichen Weg zur Arbeit zu fahren, nach dem Essen eine Zigarette zu rauchen oder abends im Bett noch schnell E-Mails zu checken.

Nun kommt der Haken an der Sache: Gewohnheiten haben auch Nachteile. Der komfortable Gewohnheitsmodus unseres Gehirns macht es uns so schwer, unser Verhalten zu ändern. Denn dieser Energiesparmodus wird unbewusst gesteuert. Unsere Wahrnehmung und Achtsamkeit werden dadurch eingeschränkt.

Ein*e Pendler*in, der/die jeden Morgen und jeden Abend denselben Weg zur Arbeit und wieder nach Hause fährt, wird nicht mehr jeden Baum, jede Weggabelung, jedes schöne Gebäude als solches wahrnehmen. Vielleicht hast du selbst etwa bei monotonen Autobahnfahrten schon die Erfahrung gemacht, dass du auf einmal 100 Kilometer weiter warst, ohne dich an irgendetwas Bestimmtes auf der Strecke erinnern zu können, als wärst du wie in Trance gefahren. Das muss nicht bedeutet, dass du deswegen unaufmerksam oder schläfrig am Steuer saßest. Im Gegenteil, dein Hirn war auf Autopilot. Denn das Fahren passiert automatisch. Aber das hat eben manchmal auch zur Folge, dass dein Gehirn Dinge ausblendet, die dich im Hier und Jetzt verankern würden. Dein Geist kann ungehindert abschweifen, und du merkst gar, wo du eigentlich gerade vorbeigefahren bist, was am Wegesrand passiert, was du verpasst.

Halten wir zu sehr an bestimmten Gewohnheiten fest, macht das unflexibel und unspontan.

Eingefahrene Gewohnheiten können uns einengen. Denk nur einmal daran, wie sehr es nervt, wenn dein gewohnter Arbeitsweg plötzlich von einer Baustelle unterbrochen wird und du umgeleitet wirst. Erst dann merkst du, wie sehr du dich an den Weg gewöhnt hast, wie sehr es dein Gehirn erleichtert, wenn du nicht über unbekannte Straßen einen neuen Weg suchen musst. Aber so eine Umleitung kannst du natürlich dazu nutzen, wieder genauer hinzugucken, wo du eigentlich wohnst, was um dich herum passiert – es kann durchaus eine kleine Achtsamkeitsübung sein, die dich aus deiner Komfortzone lockt. Nur wirst du auf der Suche nach dem neuen Weg nicht noch nebenbei fünf Telefonkonferenzen über die Freisprechanlage führen können, weil dein Gehirn eben damit beschäftigt ist, sich auf den neuen Weg zu konzentrieren. Aber wer weiß, vielleicht findest du dadurch einen schnelleren oder schöneren Weg zur Arbeit.

Du verbringst 43 Prozent deines Tages mit Dingen, über die du nicht bewusst nachdenkst.

Fast die Hälfte unserer Handlungen passieren unbewusst, das konnte die Psychologin Wendy Wood von der University of Southern California nachweisen.[3] Zu den (weitgehend) unbewussten Verhaltensweisen und Handlungen gehört die Art und Weise, wie wir auf bestimmte Dinge oder Personen reagieren, wie wir uns in einem Meeting verhalten, was wir im Supermarkt in den Einkaufswagen packen, wann und wie wir trainieren, trinken oder essen.

Wann immer du dein Verhalten ändern möchtest, brauchst du also eine Portion Willenskraft, um dein so gut programmiertes Hirn auszutricksen. Das ist nicht so schwierig, wie gegen einen Schachcomputer zu gewinnen, aber wir müssen uns zunächst bestimmter Verhaltensmuster und Abläufe wieder bewusst werden (mehr dazu in Kapitel 4).

Du benötigst also eine Strategie, um dich und deine Gewohnheiten auszutricksen, und du brauchst Übung, um alte, schlechte Gewohnheiten auszuradieren. Wie das geht, lernst du in den Kapiteln 5 und 6.

Doch jetzt hast du erst einmal die Möglichkeit, dir etwas Zeit für Achtsamkeit zu gönnen. Die folgende Übung, die du ca. drei bis vier Minuten lang machen kannst, soll dich im Genießen trainieren. Die Übung danach (ca. drei Minuten) soll deine Achtsamkeit im Alltag schulen. Beobachte dich dabei, was du eigentlich aus Gewohnheit machst und wie es sich anfühlt, wenn du dich voll und ganz auf deine Tätigkeit konzentrierst.

Genieß es!

(Dauer: ca. drei bis vier Minuten)

Iss ein Stück Schokolade oder ein Stück Obst so achtsam wie möglich.
Das bedeutet: Nimm es in die Hand, betrachte es, erspüre die Konsistenz mit deinen Händen, rieche daran. Nimm es dann in den Mund. Wie fühlt es sich dort an? Wie ist die Temperatur, wo schmeckst du Süßes, Salziges, Saures? Schmeckst du noch etwas anderes? Wie verändert sich das Stück in deinem Mund? Wie fühlt sich das Kauen an? Wie fühlt sich das Schlucken an? Wie verändert sich der Nachgeschmack? Wie lange schmeckst du das Stück noch nach?

Mach mal was anders!
(Dauer: ca. drei Minuten)

Mach diese Woche drei Dinge anders als gewohnt.
Beispielsweise:

- Putze dreimal deine Zähne mit der Hand, mit der du es sonst nicht machst. Damit trainierst du andere Gehirnareale. (ca. drei Minuten)
- Fahr auf dem Weg zur Arbeit oder zum Einkaufen einen kleinen Umweg und nimm den Unterschied wahr. (ca. fünf Minuten)
- Zeige heute in einer Situation Nachsicht mit dir selbst. Sei weniger streng und stattdessen liebevoller mit dir. Nimm auch hier den Unterschied zu deinem alten, gewohnten Verhalten bewusst wahr.

Yes you can: Warum wir Gewohnheiten ändern können und sollten

Unsere Gewohnheiten sind nicht in Stein gemeißelt. Sie sind einfach nur »antrainiert«. Wie Muskeln. Hören wir auf, sie zu »trainieren«, »erschlaffen« sie. Das bedeutet natürlich nicht, dass du deine Gewohnheiten auf Knopfdruck sein lassen oder mir nichts dir nichts zu einer anderen Angewohnheit wechseln kannst. Wenn du dich verändern willst, musst du raus aus deiner Komfortzone. Am besten dein Leben lang!

Dafür muss dir klar sein oder werden, dass sich manche deiner Verhaltensmuster aus Lebenssituationen heraus entwickelt haben, die mit deinem aktuellen Leben nichts mehr zu tun haben. Kein

Wunder, dass dir diese Gewohnheiten zu nichts mehr taugen und dich oft genug nur noch nerven, du sie vielleicht sogar loswerden möchtest.

In unserem Leben müssen wir immer wieder in neue Aufgaben hineinwachsen. Meist gelingt das intuitiv, weil wir spüren, was in neuen Situationen von uns erwartet wird oder weil wir ein bestimmtes Konzept, eine klare Vorstellung davon haben. So funktioniert Entwicklung, so ist das Leben.

Vielleicht hast du jetzt schon eine erste Idee davon, warum es gut ist, Gewohnheiten auch mal zu ändern.

- Die Herausforderungen, die dir im Laufe deines Lebens gestellt werden, verändern sich. Deswegen solltest du auch dein Verhalten immer wieder hinterfragen und gegebenenfalls verändern.
- Wenn du offen und neugierig bleibst, wirst du immer wieder Neues entdecken und lernen.
- So bleibst du flexibel und kannst auch auf Unerwartetes reagieren.
- Nur wenn du dich regelmäßig Herausforderungen stellst und deine Komfortzone verlässt, wächst du.

Durch diese ständigen Herausforderungen erweiterst du deinen Erfahrungsschatz. Das kann zu einer besseren Anpassungsfähigkeit, mehr Gelassenheit und größerer Zufriedenheit führen. Gleichzeitig erweiterst du deinen Horizont.

Bleib neugierig und offen! Das Leben hält mehr Überraschungen bereit, als du denkst.

Im Grunde wollen wir alle zufrieden sein. Doch so paradox es klingt: Du brauchst oft einen gewissen Grad an Unzufriedenheit, der dich zu Veränderungen anspornt. Die Angst vor dem Scheitern oder einer Enttäuschung lässt dich in deiner Komfortzone verharren. Allerdings gilt:

> ***Wenn du nichts änderst, wird alles so weiterlaufen wie bisher.***

Es ist zwar schön in deiner Komfortzone. Doch es gehört zum Leben, dass du immer wieder vor neue Herausforderungen gestellt wirst. So gewinnst du Zufriedenheit, Kraft und Selbstbewusstsein. Also gehe sie lieber gleich an, statt in Bequemlichkeit zu verharren. Das heißt: Willst du langfristige Zufriedenheit, dann verlass deine Komfortzone! Und keine Angst, du darfst auch wieder in deine Komfortzone zurück. Du kommst früher oder später ohnehin in Situationen, die nicht völlig kontrollierbar sind und dich zum Umdenken zwingen. Wie gut, wenn du dann schon vorbereitet bist und auf Unerwartetes reagieren kannst!

Stell dir nur einmal vor, was aus dir geworden wäre, wenn du deine Komfortzone bisher noch nie verlassen hättest. Das Erwachsenwerden hätte so nicht funktioniert. Wir haben Bedürfnisse, die sich verändern. Es ist also evolutionär bedingt, dass wir uns verändern. Unser Körper, unsere Bedürfnisse und Erwartungen verändern sich im Laufe des Lebens ganz natürlich. Wir brechen aus alten Systemen aus und müssen uns mit ihnen verändern. Immer wenn wir Angst vor Neuem spüren, wenn wir Unbekanntes wagen, wenn wir neuen Menschen und Situationen begegnen, verlassen wir unsere Komfortzone. Und genau diesen Mechanismus kannst du als persönliche Herausforderung auch ganz gezielt einsetzen, um dich weiterzuentwickeln.

Denn Veränderung kann positiv sein, auch wenn es etwa bei einer Kündigung oder Trennung zunächst nicht so aussieht. Es ist wichtig, dass wir uns regelmäßig fragen und prüfen, ob wir an der richtigen Stelle in unserem Leben stehen. Wenn du dich darin übst, selbst gewählte Veränderungen Schritt für Schritt herbeizuführen, wirst du merken, dass es dir mit der Zeit immer leichter fällt, aus deinem gewohnten Trott herauszukommen. Du selbst bestimmst, wie weit du dabei gehst. Ist das nicht toll? Du wirst dabei feststellen, wie schön und weit der Horizont ist.

Verlass deine Komfortzone ganz bewusst.

(Dauer: so lange du möchtest)

Oft hindert uns Angst daran, etwas Neues zu probieren. Nimm deine Angst als Herausforderung an, als Möglichkeit, dich bewusst aus deiner Komfortzone zu bewegen. Mach dir dazu zunächst bewusst, wann und wovor du Angst hast, um dann etwas zu wagen!

1. Schreib in dein Notizbuch, vor welchen Situationen oder Dingen du Angst hast.
2. Mach genau das, wovor du Angst hast; probiere es immer wieder. Nähere dich Situationen, Orten, Aufgaben, Tätigkeiten oder Menschen, vor denen du Angst hast.
3. Wenn du dich von etwas überwältigt fühlst, dann mach dir eine Liste von kleinen Schritten und Aufgaben, die du bewältigen kannst. Denk immer an die kleinen Schritte und Stufen, die nötig sind, um ans Ziel, auf den Gipfel deines Berges zu kommen.
4. Setze den ersten Schritt deiner Liste um.

Frage dich: Was ist der kleinstmögliche Schritt im Hier und Jetzt, den du in Richtung deines Ziels gehen kannst? Pack die Situation an; vermeide sie nicht.

Spreu und Weizen: gute und schlechte Gewohnheiten

Was eine »gute« Gewohnheit ist und was eine »schlechte«, hängt von deinem eigenen subjektiven Empfinden ab. Manche Menschen haben die Angewohnheit, unliebsame Aufgaben vor sich herzuschieben. Sie erledigen sie erst auf den letzten Drücker. Wenn dieses Verhalten für dich gut funktioniert, weil du besonders unter Druck effizient arbeiten kannst, dann ist es keine schlechte Angewohnheit. Du wirst es nicht als störend empfinden. Wenn es dich aber stresst, wenig Zeit für das Erfüllen einer Aufgabe zu haben und du unter Zeitnot zu Fehlern neigst, dann ist das Aufschieben eine Angewohnheit, die dir nicht guttut. Wenn du Aufgaben lieber zeitnah erledigst, damit du keinen Termindruck bekommst, dann ist Prokrastination nicht so dein Thema.

Was für dich gut ist und was schlecht, ist also schwer zu sagen und immer von deinem persönlichen Empfinden und deinen Bedürfnissen abhängig. Für das Gehirn sind Gewohnheiten einfach nur Gewohnheiten. Es hinterfragt nicht, ob sie dir guttun oder eher nicht. Wenn du z. B. dir in Stresssituation angewöhnt hast, dich mit Süßigkeiten zu belohnen, merkt sich das Gehirn »Aha, Stress. Ich brauche Schokolade!«. Immerhin bedeutet Zucker schnelle Energie, und die Glückshormone, die beim Verzehr von Schokolade ausgeschüttet werden, sind auch nicht zu verachten. Das Gehirn speichert deine Gewohnheit also als bewährt ab. Es verknüpft eine Situation (Stress) mit einer Handlung – in diesem Fall ist es der Griff zum Schokoriegel. Je häufiger du so handelst, desto stärker werden die Verbindungen in deinem Gehirn. Der Automatismus verlagert sich in tiefere Regionen des Gehirns und wird irgendwann nur noch unterbewusst gesteuert. Irgendwann merkst du dann vielleicht, dass du dich aufgrund deiner unausgewogenen Ernährung schlapp fühlst und deine Hose nicht mehr zukriegst. Deine Schokoladen-Gewohnheit wird dir bewusst, und du empfindest sie als schlechte Angewohnheit. Dein Gehirn aber ist der Meinung, sie sei eine gute Angewohnheit. Es hat abgespeichert, dass Zucker hilft.

Was also eine gute oder schlechte Verhaltensweise ist, darüber entscheidet dein Leidensdruck, nicht dein Gehirn. Wenn du unter einer Gewohnheit leidest, solltest du darüber nachdenken, wo sie herkommt und wie du stattdessen ein anderes Verhalten etablieren kannst, das besser für dich ist. Schlechte Gewohnheiten sind Verhaltensweisen, durch die du dir selbst im Weg stehst. Oft suchen und finden wir dann Ausreden oder Rechtfertigungen dafür, auch weiterhin alles so zu machen, wie wir es gewohnt sind.

Wenn du schlechten Angewohnheiten auf die Spur kommen willst, brauchst du nicht unbedingt so lange abzuwarten, bis du unter ihnen leidest. Frag doch mal Freunde, deine Familie oder dir wohlgesonnene Menschen in deinem Umfeld, ob ihnen an deinem Verhalten etwas auffällt: das können z. B. bestimmte Rituale sein, die dir vielleicht nicht guttun. Vielleicht bemerken andere auch, dass du einen typischen Spruch für bestimmte Situationen hast oder eine Eigenart, die eigentlich gar nicht so richtig zu dir passt. Solche Beobachtungen können hilfreich sein, um Verhaltensweisen ausfindig zu machen, mit denen du dir selbst im Weg stehst.

Ich möchte dir das an einem persönlichen Beispiel verdeutlichen: Phasenweise neige ich dazu, viel zu arbeiten, mir meine To-do-Listen bis ins Unendliche zu füllen und trotzdem immer wieder neue Aufgaben anzunehmen. Am Ende des Tages bin ich dann oft unzufrieden, weil ich nicht alles geschafft habe, was ich erledigen wollte. Tatsächlich war das Scheitern aber eigentlich vorprogrammiert, schon deshalb, weil ich mir einfach zu viel vorgenommen hatte. Erst wenn mir Freund*innen dann sagen, dass mein Arbeitspensum für einen Tag eigentlich für eine ganze Woche reichen würde, wird mir bewusst, was ich eigentlich doch alles erreicht habe. Ich habe mir angewöhnt, mir nur so viel zuzumuten, wie ich tatsächlich erreichen kann. Deshalb arbeite auch ich daran, mir realistische Ziele zu setzen und mal Nein zu sagen.

Oft stellen wir völlig überhöhte Erwartungen an uns selbst, an unser Leben und auch an unsere Mitmenschen. Je höher deine Erwartungen sind, desto eher scheiterst du an ihnen und bist von dir enttäuscht. Warum also nicht stärker nach dem Motto »Keep it simple« leben und mit kleinen Verhaltensänderungen im Alltag große Veränderungen bewirken?

Beobachte dein Gewohnheitstier

(Dauer: ca. 15 Minuten)

Nimm dir 15 Minuten Zeit, um dir Gedanken darüber zu machen, was dich daran hindert, zufrieden zu sein.

Was steht schon seit längerer Zeit auf deiner To-do-Liste?

Falls dir mehrere Dinge eingefallen sind, wähle jetzt diejenige Erledigung aus, die dir am wichtigsten ist.

Lehne dich kurz zurück und erinnere dich, was du in deiner letzten Stunde deiner Arbeitszeit gemacht hast.

Hast du Rituale, mit denen du deinen Arbeitstag beendest? Sind diese Gewohnheiten sinnvoll? Bereitest du deinen Kopf auf den Feierabend vor oder gibst du noch mal richtig effizient Gas? Oder keines von beidem? Welches Verhalten ver-

hindert immer wieder, dass du dich dieser dir wichtigen Aufgabe widmest?
Analysiere drei Minuten lang dein Verhalten, bevor du in den Feierabend gehst.

Welche Auswirkungen haben Gewohnheiten auf die Persönlichkeit?

Jeder Mensch ist einzigartig. Deswegen hast natürlich auch du verschiedene Alleinstellungsmerkmale, die deine Persönlichkeit und letztlich dich als Person ausmachen. Das können Talente, Werte, Gewohnheiten, Denkstile oder besondere Fähigkeiten sein. All diese Merkmale deiner Persönlichkeit können sich natürlich im Laufe des Lebens auch ohne größeres Zutun weiterentwickeln oder ändern.

Es gibt aber auch einen engeren Kern deiner Persönlichkeit. Das sind Wesenszüge, die überdauern, auch wenn sich deine Umwelt verändert. Bist du eifersüchtig, schüchtern, verbindlich, selbstbewusst? In der Persönlichkeitspsychologie werden fünf solche Wesenszüge als die *Big Five* definiert: Aufgeschlossenheit, Gewissenhaftigkeit, Geselligkeit, Rücksichtnahme und Verletzlichkeit. Diese Wesenszüge sind bei jedem Einzelnen von uns in unterschiedlicher Ausprägung vorhanden. Die Big Five bedeuten im Einzelnen,

- wie offen für neue Erfahrungen du bist,
- wie perfektionistisch, ordnungsliebend und strukturiert du bist,
- wie gesellig oder schüchtern du bist,
- wie kooperationsbereit oder empathisch du bist,

- wie emotional stabil/instabil, ausgeglichen oder reizbar du bist.

Die Ausprägung dieser fünf Wesenszüge ist dein ganzes Leben über ziemlich stabil. Dennoch sind sie nicht in Stein gemeißelt. Ein Forschungsteam von der Universität von Illinois fand heraus, dass eine Psychotherapie die Persönlichkeit verändern kann.[4] Aus der Analyse von über 200 Studien mit mehr als 20 000 Probandinnen und Probanden konnte ermittelt werden, dass der Wesenszug der emotionalen Stabilität durch die Therapie positiv beeinflusst wurde. Du kannst also an deiner Persönlichkeit arbeiten, genau wie an deinen Gewohnheiten.

Mit dem Wunsch, deine Gewohnheiten und damit vielleicht auch ein Stück weit deine Persönlichkeit zu verändern, bist du übrigens nicht allein. Die US-Psychologen Nathan Hudson und Brent Roberts haben in einer Tagebuchstudie herausgefunden, dass 87 Prozent der Befragten gerne weniger ängstlich oder souveräner im Umgang mit anderen Menschen wären. 97 Prozent der Teilnehmer*innen wünschten sich mehr Gewissenhaftigkeit.[5]

Wenn es dir um mehr geht, als nur simple Angewohnheiten abzuschütteln wie etwa die Tüte Chips abends vor dem Fernseher, wenn du aktiv an deiner Persönlichkeit feilen möchtest und dabei langfristig Erfolg haben willst, gibt es bestimmte Voraussetzungen, über die du dir klar werden solltest:

1. Du musst den Willen haben, deine Persönlichkeit zu verändern.
2. Du brauchst das Gefühl, auch tatsächlich etwas ändern zu können.
3. Du musst dich an Veränderung gewöhnen.

Der Wille zur Veränderung ist dabei das Wichtigste – nämlich, dass du überhaupt einen Handlungsbedarf siehst. Vielleicht hat sich ein Bruch in deinem Leben ereignet, durch den du dich gezwungen siehst, zu handeln bzw. dich zu ändern. Ein Beispiel: Dein Partner oder deine Partnerin will sich von dir trennen, weil du sehr eifersüchtig bist. Als Resultat siehst du dich gezwungen, vertrauensvoller und weniger aufbrausend zu werden. Auf dein Verhalten übertragen, kann ein erster kleiner Schritt sein, die Nachrichten in seinem oder ihrem Handy nicht mehr zu kontrollieren. Dein Wunsch, vertrauensvoller zu sein, ist in diesem Fall das übergeordnete Ziel, das du mit kleinen Schritten erreichen kannst.

Das klingt erst einmal einfach. Doch meistens braucht es für solch eine Persönlichkeitsveränderung einen echten Einschnitt im Leben, einen Auslöser, durch den du wirklichen Handlungsbedarf siehst. Denn:

> ***Gewohnheiten oder gar die Persönlichkeit zu verändern braucht sehr viel Engagement und Selbstverpflichtung.***

Dabei hilft das Gefühl, etwas ändern zu können. Wenn du dir einredest, es nie zu schaffen, deinem/r Partner*in zu vertrauen, nimmst du dir selbst die Chance herauszufinden, was passiert, wenn du es auch nur ein einziges Mal versuchst! Die dritte und letzte Voraussetzung ist die Gewöhnung. Erst wenn es dir gelingt, neue Verhaltensmuster selbstverständlich anzuwenden, kann das einen wirklichen Einfluss auf deine Persönlichkeit haben.

Soziale Beziehungen können immer ein Anstoß für eine Persönlichkeitsveränderung oder ein Überdenken unserer Angewohnheiten sein. Beziehungen zu anderen Menschen beeinflussen schließlich unser Denken, Fühlen und Verhalten. Es ist uns nicht gleichgültig, wie wir auf andere wirken und ob man uns mag.

Die Bekanntschaft mit einem neuen Menschen, vielleicht sogar eine neue Liebesbeziehung, weckt manchmal ungeahnte Fähigkeiten in uns. Andere Menschen haben das Potenzial, noch nicht erschlossene Persönlichkeitsmerkmale oder Talente aus dir herauszukitzeln – wenn du dich kitzeln lässt!

Aber Vorsicht: Wenn du an dir und deinem Verhalten arbeiten willst, solltest du es nur aus freien Stücken und aus deiner persönlichen Überzeugung heraus tun. Es ist zwar wichtig, was du tust, aber noch viel bedeutsamer ist es, warum du etwas tust. Mehr zur Bedeutung deiner wirklichen Intention erfährst du in den Kapiteln »Von der Motivation zum Plan: Was du wirklich willst und was dich hindert« und »Warum Ziele allein kontraproduktiv sind«. Wer die Persönlichkeitsveränderung als Selbstzweck begreift, landet irgendwann in einem Hamsterrad der Selbstoptimierung, das so typisch ist für unsere Gesellschaft und ihre Schnelllebigkeit. Darüber hinaus sollten wir nicht aus dem Auge verlieren, dass es weder *die* »gute« noch *die* »schlechte« Persönlichkeit gibt. Jeder Mensch ist eine einzigartige Kombination unterschiedlicher Eigenschaften. Also: Es lebe die Vielfalt!

Tschüss Gewohnheitstier

(Dauer: ca. 10 bis 15 Minuten, wahlweise auch länger)

Welche persönlichen Grundhaltungen sind dir besonders wichtig?

Beispielsweise: positiv, optimistisch, offen, freundlich, mitfühlend, empathisch …

Frage dich anschließend:

Wer möchte ich sein?
Was bedeutet Zufriedenheit für mich?
Was bedeutet glücklich sein für mich?

Überlege nun im nächsten Schritt, welche Gewohnheit du loswerden willst. Frage dich:

> Welche Auswirkungen hat diese Gewohnheit auf meine Persönlichkeit?
> In welcher Situation genau will ich … sein?
> Wie sieht diese Situation konkret aus?
> Wie genau verhalte ich mich in ihr?
> Wie würde ich mich stattdessen gerne verhalten?

Vergleiche regelmäßig den Ist-Zustand mit deinem Wunsch-Zustand. So machst du dir bewusst, wie sich Wunsch und Wirklichkeit (bisher noch) unterscheiden. Das stärkt deine Motivation, dich wirklich ändern zu wollen. Konzentriere dich dabei auf vorhandene Stärken und erinnere dich an Situationen, in denen du dich bereits so verhalten hast, wie du es dir eigentlich wünschst. Das stärkt dein Selbstvertrauen und deinen Glauben daran, dass eine Veränderung möglich ist. Dabei kann es helfen, Tagebuch zu führen und regelmäßig zu reflektieren, wo du bewusst neue Erfahrungen gesucht hast und welche Gefühle das in dir ausgelöst hat. Nimm dir vor, täglich in Kleinigkeiten von deiner üblichen Routine abzuweichen. So lernst du dich selbst besser kennen und entwickelst dich weiter.

Kapitel 3: Der erste Schritt zu besseren Gewohnheiten – Ursachen und Auslöser erkennen

Wie du bereits weißt, sind Gewohnheiten neuronal im Gehirn verankert und geschehen oft unbewusst, ob wir wollen oder nicht. Das macht es manchmal so schwer, etwas an unserem Verhalten zu ändern. Deswegen ist es wichtig, die Wurzel deines Verhaltens zu erkennen und zu wissen, wo du ansetzen kannst. Wenn du verstehst, woher deine Gewohnheiten kommen und was ein bestimmtes Verhalten bei dir auslöst, wird es dir leichterfallen, etwas zu ändern.

In diesem Kapitel lernst du, wie bestimmte Handlungen oft mit bestimmten Situationen und Umgebungen zusammenhängen und warum es hilft, Dinge in deinem Umfeld zu ändern, damit du schließlich auch dich selbst ändern kannst. Das gelingt aber nur, wenn du dein Denken und Handeln regelmäßig einer Analyse unterziehst. Ich werde dir zeigen, was es dir bringen kann, dein eigener Detektiv zu werden, der immer wieder hinterfragt, wann und wo du eine bestimmte Gewohnheit an den Tag legst. Dabei wirst du merken, welche Glaubenssätze deinem Verhalten zugrunde liegen.

Es gilt zu erkennen, ob es negative Denkmuster gibt, die dich in alten Verhaltensweisen verharren lassen und dich daran hindern, glücklich und zufrieden zu sein. Dabei hilft dir die Methode der Achtsamkeit, die ich dir in diesem Abschnitt des Buches näherbringe. Achtsamkeit bringt dich in die Lage, dich von unliebsamen Gedanken und Gewohnheiten zu distanzieren. Sie erleichtert es dir, deinen Gewohnheiten auf den Grund zu gehen und schließlich die Signale deines Körpers und deiner Seele besser wahrzunehmen und danach zu handeln. Wenn du verstehst, was du fühlst und tust und warum du etwas fühlst und tust, kannst du besser an deinem Verhalten arbeiten.

Der Mensch als Gewohnheitstier: Woher kommen Gewohnheiten?

Unser Gehirn funktioniert ein bisschen wie ein Computer, den man programmieren und umprogrammieren kann. Um das zu verstehen, musst du kein Neurologe sein. Es hilft, sich anzugucken, woher unliebsame Gewohnheiten kommen. Beispielsweise die Tüte Chips, die du dir nach einem stressigen Arbeitstag abends auf der Couch gönnst, obwohl du eigentlich beim Abendessen satt geworden bist. Warum isst du diese Tüte Chips? Hast du das Gefühl, dich damit für etwas zu belohnen? Kompensierst du etwas? Und wenn ja: Warum tust du es durch Essen? Welche Rolle spielen äußere Umstände und Mitmenschen dabei? Hinter all diesen Fragen steckt ein einfaches Prinzip:

Wenn du dich fragst, warum du etwas tust, machst du dir gleichzeitig deine Gewohnheiten bewusst.

Wenn du also ein Stück zurücktrittst, um dich selbst zu hinterfragen und zu analysieren, ist das ein erster Schritt in Sachen Änderung. Um im Bild des Computers zu bleiben: Das System hat einen Prozess gestartet. Der Anfang ist gemacht.

Vielleicht fällt dir auf, dass deine gewohnheitsmäßigen Handlungen mit bestimmten Situationen zusammenhängen. Die Psychologieprofessorin Wendy Wood von der University of Southern California hat in einem Experiment gezeigt, wie stark diese Verknüpfungen sind.[6] Sie fand heraus, dass Raucher*innen, die im Urlaub mit dem Rauchen aufhörten, doppelt so erfolgreich waren, als wenn sie es zu Hause versuchten – vielleicht, weil die Proband*innen zum Stressabbau rauchten, im Urlaub der Stressor aber wegfiel? Daraus kann man schlussfolgern:

Wenn du dein Verhalten ändern möchtest, musst du auch den Kontext ändern.

Einige Dinge in deinem Umfeld kannst du natürlich ändern. Die Süßigkeiten-Schüssel muss nicht prall gefüllt auf deinem Schreibtisch stehen, wenn du weniger naschen willst. Du kannst dein Netflix-Abo kündigen oder deinen Fernseher aus dem Fenster schmeißen, wenn du der Meinung bist, du könntest mit deiner Zeit Besseres anfangen.

Auf andere Dinge hast du keinen so großen Einfluss. Dennoch hilft es, immer wieder zu analysieren, wann und wo du eine bestimmte Gewohnheit an den Tag legst. Wenn du z. B. an den Fingernägeln kaust, überlege, warum du es tust. Vielleicht aus Anspannung? Um dich abzulenken? Dient es dir als Stressventil? Oder um dich für einen Moment lang selbst zu spüren? Dann überleg weiter: Warum bist du angespannt? Warum spürst du dich gerade nicht? Wovon musst du dich ablenken?

Werde dein eigener kleiner Sherlock Holmes, der alles ganz genau wissen will! Vielleicht erkennst du dann, dass manche deiner Gewohnheiten ihren tiefer liegenden Zweck gar nicht besonders gut erfüllen. Wenn also das Nägelkauen gar nicht gegen Anspannung hilft, kannst du es genauso gut durch eine andere Verhaltensweise ersetzen, z. B. stattdessen mit den Fingern auf den Tisch klopfen oder eine Faust machen. Dann spürst du deine Fingerkuppen und damit auch dich selbst, behältst aber trotzdem intakte Fingernägel.

Wie du eine bestimmte Verhaltensweise durch Wiederholung etablierst oder durch eine andere ersetzt, erfährst du im Abschnitt »Von der Achtsamkeit zur Fokussierung«.

Glaubenssätze: Was uns früher schützte, schränkt uns heute ein

Hinterfragen solltest du nicht nur, was du tust, sondern auch, was du denkst. Denn oft hängt beides zusammen. Jede und jeder von uns hat Glaubenssätze verinnerlicht. Auch du. Prägende Ereignisse und Erfahrungen haben genauso Einfluss auf unsere Glaubenssätze wie Familienmitglieder, Freunde und Mitmenschen.

> ***Glaubenssätze sind Werte, Vorstellungen und Standards, von deren Richtigkeit du überzeugt bist.***

Es gibt positive und negative Glaubenssätze. Die positiven bestärken uns, Dinge zu tun und an uns zu glauben. Sie geben Struktur und Sicherheit. Negative Glaubenssätze hemmen uns. Sie lassen uns in alten Mustern verharren und hindern uns daran, glücklich und zufrieden zu sein. Negative Glaubenssätze können etwa lauten:

- Ich kann das nicht.
- Ich habe dafür keine Zeit.
- Andere können das besser.
- Ich bin nicht hübsch.
- Ich habe immer Pech.
- Niemand mag mich.

- Es ist wichtig, was andere von mir denken.
- Ich habe es nicht verdient.
- Ich bin ein Versager.

Wenn du strenge Eltern hattest, hat es dir in deiner Kindheit vielleicht geholfen, brav und still am Tisch zu sitzen, weil du dann als »liebes Kind« wahrgenommen und positiv verstärkt wurdest. Vielleicht hast du geglaubt, du darfst nicht widersprechen. Deine Eltern waren zufrieden, weil sie in Ruhe essen konnten und du »nicht genervt« oder du dich einfach »anständig« verhalten hast. Heute sitzt du dann vielleicht in Meetings und schaffst es nicht, das Wort zu ergreifen.

Kinder aus Familien, in denen Konflikte nicht ausgetragen wurden, entwickeln später eventuell den Glaubenssatz: »Ich bin nicht konfliktfähig« oder »Streiten ist schlecht«. Kinder aus Familien, in denen viel gestritten wurde, glauben vielleicht »Ständig streiten ist normal.«.

Ich selbst habe z. B. einen sehr hartnäckigen negativen Glaubenssatz. Er lautet: Ich kann kein Mathe. Ich führe diese Überzeugung auf meinen Mathelehrer im Gymnasium zurück. Er war der Meinung, dass Mädchen eben nichts von Zahlen verstehen. Nun habe ich mein Psychologiestudium und einiges andere geschafft, aber dieser Glaubenssatz ist immer noch da. Sobald ich irgendwo etwas im Kopf rechnen soll, stellt sich Leere und Starre ein. Ich habe Angst, ich könnte mich blamieren, wenn ich plötzlich die Restaurantrechnung nicht mehr durch zwei teilen kann oder das Wechselgeld falsch ausrechne. Dabei weiß ich rational ganz genau, dass ich sehr wohl rechnen kann. Aber unterbewusst ist da immer noch das verunsicherte Mädchen, dem eingeimpft wurde, nicht rechnen zu können – ein fieser Glaubenssatz, der mich geprägt hat.

Es kann auch sein, dass du als Kind die Erfahrung machen musstest, dass es keinen Sinn hat, in bestimmten Situationen auf die eigenen Impulse oder Bedürfnisse zu hören, weil du dann bestraft oder ausgegrenzt worden wärst. Der kleine Junge unterdrückt seine Tränen, damit nicht mit ihm geschimpft wird. Als Erwachsener reagiert er emotionslos – obwohl es in seinem Inneren anders aussieht.

Was uns gestern schützte,
schränkt uns heute ein.

Es lohnt sich also, dir deine Glaubenssätze immer wieder bewusst zu machen und sie auf ihre Richtigkeit zu überprüfen! Haben sie heute noch Bestand? Der scheinbar emotionslose Mann beispielsweise kann so lernen, dass es heute durchaus sinnvoll sein kann, auf innere Impulse zu hören, weil es nicht mehr existenzbedrohlich ist, auch mal ausgeschlossen zu werden oder mit anderen nicht einer Meinung zu sein.

Wir alle haben Prägungen, Glaubenssätze und damit auch Verhaltensmuster, die wir erkennen und auf ihre Stimmigkeit überprüfen sollten. Dazu braucht es Reflektions- und Änderungsbereitschaft – und natürlich ein gewisses Maß an Leidensdruck, der dich zur Veränderung treibt.

Das Ziel ist es, dir darüber klar zu werden, welche Glaubenssätze du verfolgst und dann zu entscheiden, wo sie herrühren und ob sie heute noch ihre Richtigkeit besitzen.

Denn dadurch, dass Glaubenssätze oft sehr fest in uns verankert sind, führen sie zu unbewussten Verhaltensmustern und Automatismen. Du bemerkst sie im Alltag oft gar nicht und kannst sie dadurch nur schwer verändern. Räume also einmal auf: Gute Glaubenssätze dürfen bleiben; Glaubenssätze aber, die ihre Existenzberechtigung verloren haben, wandern in die Tonne!

Glaubenssätze loszulassen kann sich zunächst komisch anfühlen, weil du dich mit deinen langjährigen Glaubenssätzen identifiziert hast. Trennen und Loslassen bringen immer ambivalente Gefühle mit sich. Frage dich, ob das »nur« ein »Loslass-Schmerz« ist oder ein echter Warnhinweis, dass du dich gerade von etwas Schützendem trennst. Schließlich waren deine Glaubenssätze ja einmal dafür vorgesehen, dir Sicherheit zu geben und dich vor Enttäuschungen zu bewahren.

Das hatten auch deine Eltern und Großeltern im Sinn, als sie dich und deine Glaubenssätze prägten. Sie wollten keinen Schaden verursachen, sondern dich auf dein Leben vorbereiten. Aber auch sie sind wiederum durch ihre Vorfahren und eigenen Erfahrungen geprägt. Das bedeutet auch: Mit deinen Glaubenssätzen trägst du auch Relikte der Lebenswirklichkeit deiner Eltern und Großeltern mit dir herum. Doch Zeiten – und damit Lebenswirklichkeiten – ändern sich und mit ihnen die schützenden Glaubenssätze. Was beispielsweise zu Kriegszeiten Gültigkeit besaß – etwa, keine Schwäche zu zeigen –, muss heute nicht mehr gelten.

Nimm es also deiner Familie nicht übel, dass sie dir bestimmte Glaubenssätze vermittelt hat. Das bringt dich nicht weiter. Versuche stattdessen die Gründe für das Entstehen bestimmter Glaubenssätze zu verstehen. Denn die Wahrscheinlichkeit, dass deine Eltern ihre Glaubenssätze – wie du selbst auch – einfach unterbewusst anwenden, ist groß.

Wichtig ist, dass du die Möglichkeit hast, deine Glaubenssätze zu überdenken und vielleicht neue, hilfreiche Standards zu entwickeln. Das gelingt nicht von heute auf morgen. Du wirst immer mal wieder alte Glaubenssätze für wahr halten – das ist völlig normal. Erinnere dich dann nur jedes Mal daran, dass du die Chance hast, zu entscheiden, ob du ihnen folgen oder einen anderen Weg einschlagen willst.

Im Umgang mit Glaubenssätzen helfen dir diese drei Schritte:

1. Mache dir deine eigenen Glaubenssätze bewusst.
2. Überlege, wo deine Glaubenssätze herkommen.
3. Überprüfe sie auf ihre Richtigkeit.

Erkenne deine Glaubenssätze

Vervollständige in deinem Notizbuch spontan folgende neun Sätze:

Mein Leben ist …

Alle Menschen sind …

Kinder sind …

Männer sind …

Frauen sind …

Eltern sind …

Meine Mutter ist …

Mein Vater ist …

Ich darf nie …

Nur wenn du diese Übung durch Wiederholungen verinnerlichst, hilft sie dir dabei, vorgefertigte Glaubenssätze in deinem Alltag bewusst wahrzunehmen. Wenn dir deine spontanen Einfälle nicht besonders sinnvoll vorkommen, schreib sie trotzdem auf.

Notiere deine Glaubenssätze zu verschiedenen Themen, z.B. Arbeit, Gesundheit, Erfolg, Partnerschaft, Finanzen, Freunde, Mitmenschen … Denk mal darüber nach, ob dir irgendwelche Sprichworte dazu in den Sinn kommen. Frag auch gerne mal Menschen, die dir nahestehen, welche »Sprüche« ihnen bei dir aufgefallen sind oder welche typisch für dich sind – auch dahinter können sich Glaubenssätze verstecken.

Wie lauten deine persönlichen Glaubenssätze? Schreib sie in dein Notizbuch.

Finde im nächsten Schritt heraus, wo diese Glaubenssätze herkommen.
Frage dich, woher du bestimmte Sätze/Floskeln hast oder woher du das eigentlich weißt. An diesem Punkt fängst du an, deine Glaubenssätze zu hinterfragen.
Frage dich: Wer oder was hat diese Aussagen geprägt, welche Erfahrungen oder Ereignisse liegen ihnen zugrunde?

Frage dich als Nächstes:

Welcher Glaubenssatz stärkt mich und bringt mich weiter?
Welcher Glaubenssatz schwächt mich und steht mir im Weg?
Welcher Glaubenssatz löst Druck aus?
Welcher macht mir Mut oder gibt mir Kraft?
Welche Überzeugung steht meinem Glück und meiner Zufriedenheit im Weg?

Es kann durchaus sein, dass du für diese Übung einige Wochen brauchst, weil sie einen inneren Prozess in Gang bringt, der Wahrnehmung, Achtsamkeit, Zeit und Selbstreflektion beinhaltet.

Achtsamkeit im Alltag: Wie du es schaffst, Glaubenssätze regelmäßig zu überprüfen

»Achtung!« – diesen Ausruf benutzen wir im Sinne von »Pass auf!«, z. B. im Straßenverkehr. Oder man ruft es, wenn jemand Gefahr läuft, zu stolpern, in einen Hundehaufen zu treten oder sein Rotweinglas umzustoßen. Aber nicht nur in Gefahrensituationen können wir aufpassen.

Achtsamkeit ist eine Art Konzentration, bei der du bewusst wahrnimmst, was im gegenwärtigen Moment passiert, ohne es zu bewerten. Dadurch übst du, mit deinen Gedanken im Hier und Jetzt zu sein und nicht an Vergangenes oder Zukünftiges zu denken. Diese besondere Form der Aufmerksamkeit stammt aus der buddhistischen Lehre und Meditationspraxis. In unserem Kulturkreis werden Achtsamkeitsübungen inzwischen auch im Rahmen von Psychotherapien angewendet.

Wenn du auf einer Parkbank sitzt, kannst du eine kleine Achtsamkeitsübung anstellen, indem du bewusst gedanklich alles benennst, was du in deinem Blickfeld wahrnimmst. Du siehst eine Gruppe von Eichen, darunter spielen drei Kinder in bunten T-Shirts Ball. Nebenan läuft gerade ein Schäferhund vorbei und hebt sein Bein. Am blauen Himmel schweben einzelne große Quellwolken. Du atmest ein. Du atmest aus.

Dieses eventuell für dich esoterisch klingende Beispiel soll dir verdeutlichen, dass Achtsamkeit deine Wahrnehmung schulen kann. Achtsamkeit bedeutet in diesem Beispiel, du nimmst deine Umgebung bewusst war. Du bewertest nicht. Du denkst weder: »Die Kinder nerven!«, noch: »Wem gehört dieser pinkelnde Hund?«, noch: »Es könnte bald regnen!«. Auch Grübeleien um Probleme,

Krisen oder Alltagssorgen werden für diesen Moment beiseitegelassen. Du schaust nur auf das, was momentan geschieht und gönnst damit deinem Gehirn eine kleine Pause.

Das hilft dir im Alltag, denn das genaue anfängliche Wahrnehmen ermöglicht es dir erst, dein Denken und Handeln zu analysieren, zu interpretieren und schließlich auch zu ändern. Das heißt, du nimmst wahr, wie es dir in einem bestimmten Moment geht. Vielleicht bist du genervt, fühlst dich gestresst oder hast Angst. Dabei können körperliche Symptome wie Unruhe, ein Ziehen im Magen, verspannte Schultern oder Kopfschmerz auftreten. Das wahrzunehmen ist ein erster Schritt. Anschließend kannst du überlegen, was diese Reaktionen ausgelöst haben könnte. Ist da ein alter Glaubenssatz, der dich antreibt oder hemmt?

Ich habe *immer* Pech.

Ich schaffe das *nie*.

Ich treffe *immer* den falschen Partner.

Niemand achtet auf mich.

Keiner hört mir zu.

Aber wer sagt das? Woher weißt du das? Stimmen deine Glaubenssätze wirklich? Und woher kommen sie? Es lohnt sich, sich mithilfe von Achtsamkeit immer wieder mit Glaubenssätzen auseinanderzusetzen. Nur wenn du Glaubenssätze als solche identifizierst, kannst du sie auf ihren Wahrheitsgehalt überprüfen. Denn sogar die Gesellschaft bringt Glaubenssätze hervor, die unmöglich immer und jederzeit auf alles und jeden zutreffen können.

Ohne Fleiß kein Preis!

Den Letzten beißen die Hunde!

Ein Indianer kennt keinen Schmerz!

Vertrauen ist gut, Kontrolle ist besser!

Wer schön sein will, muss leiden!

Du merkst, diese Glaubenssätze sind sehr allgemeiner Natur und können allein deshalb allenfalls einen kleinen Funken Wahrheit beinhalten. Sie sind keine Gesetze, nach denen du leben musst! Achtsamkeit gibt dir die Möglichkeit, dich von deinen Gedanken zu distanzieren, um zu erkennen, ob in dir gerade ein alter Glaubenssatz aktiv geworden ist.

Nehmen wir den Satz »Gegessen wird, was auf den Tisch kommt«. Diese Aussage impliziert, »Es gibt keine Extrawurst! Achte weder auf deinen persönlichen Geschmack, noch auf dein Hunger- bzw. Sättigungsgefühl, sondern auf die Regeln und Normen der Gesellschaft. Essen darfst du nicht wegwerfen!« Für die Kriegs- und Nachkriegsgenerationen mag das zutreffend gewesen sein, für die nachfolgende Generation aber schon nicht mehr. Wir haben heute volle Einkaufsläden und Nahrung ist überall verfügbar, wir müssen nicht auf Vorrat essen, falls schlechte Zeiten anbrechen.

Natürlich ist es verschwenderisch und wenig achtsam, den Teller randvoll zu packen und die Hälfte liegen zu lassen. Aber dieser Glaubenssatz suggeriert eben auch, dass du alles essen musst, egal was. Doch heute haben wir die Wahl. Du hast die Chance auf die Signale deines Körpers zu achten und danach zu handeln. In Restaurants kannst du mittlerweile immer häufiger dein übrig gebliebenes Essen mitnehmen. Du musst Essen nicht wegwerfen, aber du musst es eben auch nicht aufessen, wenn du keinen Hunger mehr hast. Statt »Gegessen wird was auf den Tisch kommt« könnte ein neuer Glaubenssatz lauten:

> ***Ich nehme die Signale meines Körpers wahr***
> ***und darf danach handeln.***

Ein weiteres Beispiel ist der Glaubenssatz »Ein Indianer kennt keinen Schmerz«. Diese Aussage impliziert: »Stell dich nicht so an! Gefühle zu zeigen ist peinlich, schwach und unangemessen. Statt zu weinen, zu jammern oder dich zu beschweren, solltest du hart sein.« Aber: Emotionen sind wichtig! Sie helfen dir, eine Situation adäquat einzuordnen und zu bewältigen. Unsicherheiten oder Irritationen dürfen zum Ausdruck gebracht werden. Die Herausforderung ist, dass du dir erlaubst zu fühlen, was du fühlst. Es ist nicht nur völlig in Ordnung, sondern sogar sehr wichtig, zu zeigen, was in dir vorgeht. Ansonsten suchen sich dein Körper und deine Psyche auf Dauer andere Ventile, wie z. B. Verspannungen, Schlafstörungen, Magenschmerzen bis hin zu ernsthaften psychischen Problemen. Dein neuer Glaubenssatz könnte hier lauten: »Du bist völlig okay, so wie du bist!«

Wenn du dein Leben achtsam führst, hast du eine gute Chance, deinen Glaubenssätzen und damit auch deinen Gewohnheiten auf den Grund zu gehen.

Achtsamkeit ist der erste Schritt zur Veränderung.

Diese Chance hast du jeden Augenblick aufs Neue. Du hast die Wahl, dich über immer wiederkehrende nervende Verhaltensweisen zu ärgern oder sie verstehen zu wollen. Du hast die Wahl, dich für unfähig zu erklären und das Handtuch zu werfen oder deine negative Selbstbewertung zu analysieren. Mit etwas Übung gelingt es immer besser, Gedanken loszulassen, die dich hemmen, kritisieren oder beschimpfen.

Du kannst dich für ein achtsames Wahrnehmen deines aktuellen Zustandes entscheiden, tief durchatmen und in jedem Augenblick neu beginnen. Jetzt. Und jetzt. Und jetzt schon wieder!

Das Ziel ist ein liebevoller Umgang mit dir selbst. Dabei kannst du dich unterstützen mit Sätzen wie:

Ich schaffe das!

Nur Mut!

Packen wir es an!

Wer nichts wagt, der nichts gewinnt!

Aufstehen, Krönchen richten, weiter geht's!

Gib dir dafür so viele Chancen, wie du brauchst. Bestrafe oder ärgere dich nicht, wenn du in alte Muster zurückfällst. Das ist ganz normal – schließlich haben sich deine Glaubenssätze und Verhaltensmuster über Jahre eingeschliffen. Lobe und belohne dich für jeden neuen Versuch, denn du hast den Mut und die Energie aufgebracht, deine Komfortzone zu verlassen und eine Veränderung in Angriff zu nehmen. Das ist Neuland, auf dem du dich bewegst – sei stolz auf dich!

Achtsamkeit für zwischendurch

(Dauer: ca. zwei Minuten)

Diese Übung kannst du jederzeit und überall durchführen. Fang damit an, die Aufmerksamkeit auf deinen Atem zu richten. Atme ruhig und tiefer als üblich. Nimm den Atem in deiner Lunge wahr, die Bewegung deines Brustkorbs und Bauchs. Nimm die Haltung deines Körpers bewusst wahr, ob du gehst, stehst, liegst oder sitzt. Nimm den Fluss deines Atems wahr. Sobald ein Gedanke kommt, nimm ihn zwar wahr, aber lass ihn gleich darauf weiterziehen, indem du deine Aufmerksamkeit immer wieder zurück zu deinem Atem lenkst.

Wenn du übst, im Alltag achtsamer zu sein und Gedanken und Gefühle wahrzunehmen, lernst du dich selbst besser kennen. Vielleicht werden dir bestimmte Dinge besser bewusst, wie z. B., dass du dich häufig beklagst, anstatt die Dinge zu verändern. Damit hast du dann vielleicht eine Gewohnheit gefunden, die dich stört.

Positive statt negative Glaubenssätze

(Dauer: ca. fünf bis zehn Minuten)

Nimm dir einige Minuten Zeit und beantworte folgende Fragen:

Auf welche Probleme richte ich meine Aufmerksamkeit?
Warum richte ich meine Aufmerksamkeit auf diese Probleme?
Was kann ich gegen diese Probleme tun?

Schau dir noch mal deine persönlichen Glaubenssätze an, die du in dein Notizbuch geschrieben hast. Von welchem Satz möchtest du dich trennen? Notiere ihn nochmals.

Finde einen neuen Satz, der sich gut anfühlt, und schreibe ihn auf.

Kapitel 4: Der zweite Schritt zu besseren Gewohnheiten – ein System entwickeln

Kennst du die berühmten W-Fragewörter? Drei davon lauten »Warum«, »Wie« und »Was«. Bei der Arbeit an deinem Verhalten und letztlich an deiner Zufriedenheit kommt es genau auf diese Reihenfolge an – auf das Warum-Wie-Was. Das Warum ist entscheidend, bevor du dich um das Wie kümmerst. First things first. Warum möchtest du etwas ändern, welche Motivation hast du? Das Wie wiederum ist wichtiger als das Was. Wie kannst du dein Ziel erreichen, durch welches Verhalten?

In diesem Kapitel beschreibe ich, warum es wichtig ist, dass du dir über deine Wünsche bewusst wirst und dir Gedanken darüber machst, wie genau du sie Realität werden lassen kannst. Wir üben, ein Bewusstsein dafür zu schaffen, was du ändern willst und warum. Es geht dabei um das, was hinter deiner Motivation steckt. Willst du nur ein bestimmtes Ziel erreichen oder möchtest du deine Einstellung zum Leben ändern – aus voller Überzeugung und nur für dich?

Ich werde dir zeigen, dass Ziele dabei zwar gut für die Richtung sind – das System, das Wie aber besser für die Kontinuität. Denn ein Ziel zu erreichen macht zwar glücklich, ist aber nur ein momentaner Erfolg. Ein erfolgreiches System ist von Dauer. Um langfristig zufriedener zu werden, ist das Wie also wichtiger als das Ziel. Wenn du den Weg zum Ziel so gestaltest, dass du ihn genießen kannst, ist es weniger schlimm, solltest du mal nicht am Ziel ankommen. Und wenn du den Weg gar als Ziel betrachtest, bist du quasi ständig am Ziel. Ist das nicht praktisch?

Du wirst außerdem lernen, warum es wichtig ist, deine Erwartungen an dich selbst realistisch zu formulieren und wie es möglich ist, durch bewusste Entscheidungen unliebsame Gewohnheiten loszuwerden und neue zu etablieren. Wir werden üben, den Fokus auf das Wesentliche zu legen, und dadurch Energie zu sparen, und ein System zu entwickeln, durch das du mit Freude und Leichtigkeit ans Ziel kommst. Das ist der Weg der kleinen Schritte!

In diesem Kapitel erfährst du nebenbei auch noch, was Teekannen, Walter Gropius, Spickzettel, Marathonläufe und komplizierte psychologische Theorien mit einem bewussten Plan zu tun haben.

Von der Motivation zum Plan: Was du wirklich willst und was dich hindert

Um etwas zu erreichen, musst du dir darüber klar werden, was du überhaupt willst und was dich möglicherweise daran hindert. Du musst also erst einmal ein Bewusstsein dafür schaffen, warum du etwas ändern willst. Logisch, oder?

Im Freundeskreis oder bei Patienten und Patientinnen höre ich oft: »Ich würde auch gerne mehr Sport machen.« Und jetzt schreibe ich mal was ganz Verrücktes: »Dann mach doch einfach mehr Sport!« Denn wenn du das wirklich willst, wer oder was hindert dich daran?

Wichtig ist, zu erkennen, was dein eigentlicher Wille ist. Was steckt hinter deiner Absicht? Dazu fallen mir die schönen Worte von Antoine de Saint-Exupéry ein: »Wenn du ein Schiff bauen willst, dann trommele nicht Männer zusammen, um Holz zu beschaffen, Werkzeuge vorzubereiten, Aufgaben zu vergeben und die Arbeit einzuteilen, sondern lehre die Männer die Sehnsucht nach dem weiten, endlosen Meer.«[7] Das Warum ist entscheidend. Willst du ein Boot bauen um des Bootes willen oder willst du aufs Meer hinaus segeln? Für deine Motivation ist das ein großer Unterschied. Übertragen auf das Beispiel Sport bedeutet das: Möchtest du mehr Sport machen, um abzunehmen, besser auszusehen, letztendlich, um deine Wirkung auf andere zu verändern? Oder weil du merkst, dass Sport dir guttut und wichtig ist, um gesund zu bleiben? Die Entscheidung, die du hier treffen kannst, lautet: Ich möchte ein aktiverer Mensch werden.

Abnehmen ist auch so eine Sache. Sehr viele Menschen möchten weniger wiegen – aber warum möchten sie das? Besteht das Ziel darin, fünf Kilogramm abzunehmen oder körperlich fitter zu sein?

Das erste Ziel lässt sich mithilfe einer radikalen Diät relativ schnell erreichen – allerdings riskiert man dabei den Jojo-Effekt: Wer nach der Diät weiterfuttert wie vorher, wird die verlorenen Pfunde schnell wieder draufhaben.

Das zweite Ziel, körperlich fitter zu werden, lässt sich nur mit System erreichen, etwa durch mehr Sport im Alltag oder eine Änderung der Ernährungsgewohnheiten. Solch eine Umstellung ist letztendlich nichts anderes, als sich eine andere, gesündere Lebensweise anzugewöhnen – also alte Muster durch neue zu überschreiben. So leicht, wie das klingt, ist es natürlich nicht immer. Wissenschaftler*innen gehen davon aus, dass es mindestens drei Jahre dauert, bis neue Essgewohnheiten stabil sind.

Mir geht es hier um das Grundprinzip hinter diesen Beispielen. Statt eines *zielorientierten* Handelns etablierst du ein *system*orientiertes Handeln, mit dem du langfristiger Resultate erzielst, die dann aber auch nachhaltiger sind. Dazu mehr in Kapitel »Selbstdisziplin: Geschichten vom Schweinehund«.

Nicht du bist schuld, wenn du ein Ziel nicht erreichst, sondern dein System.

Überleg also zunächst, was deine eigentliche Motivation ist. Willst du ein bestimmtes Ziel erreichen oder möchtest du deine Einstellung zum Leben ändern? Dazu ein kleines Beispiel aus der Raucherecke. Wenn du dir das Rauchen abgewöhnen möchtest und dir jemand eine Zigarette anbietet, kannst du entweder sagen: »Ich versuche aufzuhören« oder: »Ich rauche nicht«. Die Einstellung, die beiden Antworten zugrunde liegt, ist jeweils eine andere. Jemand, der antwortet: »Ich versuche aufzuhören«, hat sein gewünschtes Verhalten noch nicht verinnerlicht. Sagst du aber: »Ich rauche nicht«, lebst du dein Ziel quasi schon im aktuellen Moment und gehst ganz nebenbei weiteren Diskussionen mit anderen Rauchern aus dem Weg. Niemand wird dir eine weitere Zigarette anbieten und dich somit auch nicht erneut vor die Herausforderung stellen, eine Entscheidung treffen zu müssen. Wenn du erst einmal eine Entscheidung getroffen hast, wenn du weißt, was du wirklich willst und was nicht, fällt es dir leichter, deinen Entschluss auch in die Tat umzusetzen.

Willst du es noch oder lebst du es schon?

Du kannst Angewohnheiten natürlich auch loswerden, ohne die zugrunde liegende Motivation zu beachten – doch wenn du etwas nicht aus voller Überzeugung oder aber nicht für dich, sondern anderen zuliebe tust, brauchst du sehr viel Disziplin, einen starken Willen und wirst wenig Spaß bei der Sache haben. Wie es einfacher geht, erfährst du im folgenden Kapitel.

Visualisiere deine Ziele

(Dauer: ca. drei bis fünf Minuten)

Es ist wichtig, dir zwischendurch ein konkretes Bild zu schaffen, mit dessen Hilfe du im Voraus spüren kannst, wie du dich fühlst, wenn du erreichst, was du dir vorgenommen hast. Wie genau möchtest du dich fühlen, wenn du dein Ziel erreicht hast?
Atme tief durch, schließe die Augen und mache dir ein möglichst genaues Bild davon, wie du dich am Ziel fühlen willst. Wie sieht dein Gesicht aus? Wie siehst du aus, wenn du stolz bist? Wie ist deine Körperhaltung? Wie atmest du? Vielleicht kannst du in deinem Notizbuch eine kleine Zeichnung anfertigen, die dich an das Gefühl erinnert, das du haben wirst, wenn es so weit ist.

Warum Ziele allein kontraproduktiv sind

Angenommen, deine Wohnung versinkt im Chaos. Du willst eine saubere Wohnung, also krempelst du die Ärmel hoch, startest eine zweistündige schweißtreibende Aufräumaktion, putzt, schmeißt nicht mehr Gebrauchtes weg, ordnest Dinge neu, und schon hast du dein Ziel erreicht.

Was wäre aber, wenn du es durch ein kontinuierliches System erst gar nicht zum Chaos kommen lassen würdest? Systemorientiertes Handeln kann in diesem Beispiel bedeuten, dass du dir angewöhnst, das dreckige Geschirr immer gleich in die Spülmaschine zu räumen oder die Wäsche vom Ständer gleich zu bügeln und in den Schrank zu legen, anstatt sie zerknittert auf dem Bett zwischenzulagern, bis du irgendwann keine Klamotten mehr im Schrank hast.

Merkst du etwas? Das sind wieder nur kleine Schritte, kleine Veränderungen, die nicht viel Zeit beanspruchen, die du leicht im Alltag etablieren kannst und die in der Summe eine große Veränderung ausmachen können. Ein Ziel zu erreichen – egal wie – macht zwar glücklich, ist aber nur ein momentaner Erfolg.

Ziele sind gut für die Richtung – aber Systeme sind besser für die Kontinuität.

Eine gute Freundin von mir war mal Marathonläuferin und hat sich ein halbes Jahr sehr diszipliniert auf ihre ersten 42 Kilometer vorbereitet. Sie hat sich einzig und allein auf dieses Ziel fokussiert. Als sie den Lauf dann bravourös gemeistert hatte, schlief sie aus Freude zwar noch ein paar Tage mit ihrer Medaille unter dem Kopfkissen, aber danach fiel sie in ein tiefes Loch. Auf einmal musste sie keinen strikten Trainingsplan mehr verfolgen. Die Verpflichtung, mindestens fünfmal in der Woche zu laufen, fiel weg. Meine Freundin hatte kein Ziel mehr am Horizont, auf das sie hinarbeiten konnte. Denn das Ziel war ja gewesen, die 42 Kilometer zu schaffen.

Letztlich hat meine Freundin vom Verfolgen eines Ziels auf ein System umgestellt. Sie läuft zwar keinen Marathon mehr, verfolgt kein bestimmtes Kilometer-Ziel, aber ein System. Sie läuft, weil sie laufen will, weil es ihr nach wie vor guttut. Ihr Ziel ist inzwischen, so lange und so weit zu laufen, wie es ihr guttut. Und zwar regelmäßig, wenn möglich, bis ins hohe Alter. Man könnte sagen, meine Freundin läuft nicht mehr um Medaillen, sondern für ihr körperliches und geistiges Wohlbefinden. Aber durch den Marathon hat sie gelernt, ein neues System und damit neue Gewohnheiten zu etablieren, nämlich kontinuierlich und ganz selbstverständlich das Laufen in ihren Alltag zu integrieren. Ziele sind eben gut für die Richtung. Es ist nur wichtig, im Hinterkopf zu behalten, dass das Leben immer *jetzt* stattfindet. Also vor, während, aber auch nach einem Wettkampf. Wenn du den Weg als Ziel betrachtest, bist du quasi ständig am Ziel und nicht nur in dem kurzen Moment des Überquerens der Ziellinie. Die lange Vorbereitungszeit gehört schließlich genauso dazu.

Ein Ziel zu erreichen, ist nur ein momentaner Erfolg.
Ein erfolgreiches System ist von Dauer.

»Wenn ich im Lotto gewinne, mache ich eine Weltreise.« Vielleicht hast du das auch schon mal gedacht. Oder du kennst Menschen, die nach dem sogenannten »Goals-First«-Prinzip leben: Das Ziel ist das Ziel. Diese Menschen koppeln einen Wunsch, eine Hoffnung an das Erreichen eines Ziels. Man könnte es auch »Wenn-dann«-Prinzip nennen: »Wenn ich fünf Kilogramm leichter bin, werde ich mich mehr mögen«, »Wenn ich den richtigen Partner gefunden habe, werde ich glücklich sein«.

Wenn da nur das Wörtchen »wenn« nicht wäre ... Warum willst du erst darauf warten, dass etwas Bestimmtes eintritt? Man könnte diese selbst auferlegten Glaubenssätze doch auch anders leben: »Ich mag mich, egal, wie viel ich wiege«, »Ich bin glücklich, ob ich nun eine/n Partner/in habe oder nicht«, »Ich mache eine Weltreise. Ich spiele kein Lotto«. Mehr zu dem Thema erfährst du im Abschnitt »Glaubenssätze: Was uns früher schützte, schränkt uns heute ein« und im Abschnitt »Worte, Worte, Worte: Ziele wollen gut formuliert sein«.

In unserer Leistungsgesellschaft geht es aber oft um »Alles oder Nichts«. Die Mentalität des »Entweder du erreichst dein Ziel oder du hast nichts geschafft« ist weit verbreitet. Wenn du aber schon den Weg zum Ziel so gestaltest, dass du ihn genießen kannst, sodass der Weg Teil deines Plans, deines Systems und damit auch Teil deines Lebens ist, ist es weniger schlimm, solltest du einmal nicht am Ziel ankommen. Stell dir vor, du wanderst insgesamt sechs Stunden in den Bergen und bist schließlich am Gipfel angekommen. Wie viel Zeit verbringst du schon dort oben im Vergleich zur Dauer der Wanderung insgesamt? Auf dem Gipfel liegt vielleicht Schnee oder Wolken und Nebel versperren die Sicht auf das Bergpanorama. War dann die gesamte Wanderung für dich ein Reinfall? Wenn du gerne wanderst, ist dein Ziel eigentlich schon damit erreicht, dass du es einfach tust. Egal, wo du ankommst. Wenn du den Berggipfel einmal nicht erreichst, ist das nicht schlimm, denn du hast einfach dein System gelebt; du hast getan, was du gerne tust. Wenn du den Berggipfel erreichst, fällst du danach nicht in ein Loch, weil du trotzdem weitermachen kannst und sicher bald ein neues Ziel, eine neue Herausforderung findest, eben weil es dir Spaß macht. Weil es zu deinem System gehört.

Du merkst, Ziele sind zwar gut für den Antrieb und die Motivation, aber nur das Ziel allein sollte nicht das Ziel sein. Denn:

Ziele allein können das Glück einengen.
Ziele allein können das Glück auf einen einzigen Moment reduzieren.

Beim Erreichen eines Zieles zählt also auch der Prozess, nicht nur das Produkt.

Der Architekt und Gründer des staatlichen Bauhauses in Weimar, Walter Gropius, hat den Traum verfolgt, eine neue »Baukunst« zu erschaffen: Kunst und Handwerk sollten vereint werden. Im Bereich Design und Architektur gilt das Grundprinzip »Form Follows Function« – die Form folgt der Funktion. Nehmen wir z. B. eine Teekanne. Diese Kanne kann ein wunderbares Design haben; wenn sie beim Eingießen des Tees aber tropft oder der Deckel abfällt, taugt sie – zumindest für den Alltag – nicht viel.

Auf unser Thema übertragen heißt das: Wenn ein System nicht taugt, wird es dir keine Freude machen. Du kommst vielleicht trotzdem ans Ziel, aber auf dem Weg dorthin verschwendest du wertvolle Ressourcen. Was du brauchst, ist ein System, durch das du mit Freude und Leichtigkeit ans Ziel kommst. Das ist der Weg der kleinen Schritte. Denn dauerhaft zufrieden bist du natürlich, wenn im besten Fall beides stimmt: das Resultat, aber auch der Weg dorthin.

Du kannst nur so gut sein wie dein System.
Das Ziel ist erst mal zweitrangig.

Worte, Worte, Worte: Ziele wollen gut formuliert sein

Ziele sind nicht alles. Das haben wir inzwischen schon gelernt. Aber Ziele sind wichtig für unsere Richtung und Motivation. Deswegen ist es auch wichtig, welches Ziel du ins Auge fasst und wie du es formulierst. Das kann über Erfolg oder Misserfolg entscheiden, beeinflusst also maßgeblich deine Zufriedenheit. Hier bei kommt es tatsächlich auf die Größe an! Dein Ziel sollte die richtige Größe haben, sprich:

Dein Ziel sollte erreichbar sein!

Ist ein Ziel zu groß, kann das schnell frustrieren. Wenn dein Ziel unerreichbar scheint, gibst du schneller auf. Das bedeutet nicht, dass du keine eigenen Erwartungen an dich selbst haben sollst. Vielmehr heißt es: Wenn du deine Erwartungen an dich selbst realistisch formulierst, kannst du dich gar nicht enttäuschen. Übrigens gilt auch: Dein Ziel sollte nicht zu klein sein. Denn dann wirkt es unbedeutend und nicht verfolgenswert. Auch in diesem Fall verliert man die Lust, es zu erreichen.

Du musst Einfluss auf das Erreichen deines Ziels haben!

Realistische Ziele zu formulieren bedeutet auch, dir darüber klar zu werden, inwieweit du *allein* einen Einfluss auf dein Ziel haben kannst. Es nutzt nichts, dir ein Ziel zu setzen, bei dem Faktoren mitbestimmend sind, die du nicht beeinflussen kannst. Beim Joggen können dich Regen oder zu kalte Temperaturen abhalten, beim Alkoholverzicht macht eine Einladung zu einer Party es schwer, dein Vorhaben umzusetzen.

Aber auch in solchen Fällen gibt es Mittel und Wege. Du kannst dir nämlich überlegen, was du tust, wenn die äußeren Umstände mal nicht »perfekt« sind. Wenn du dich z. B. gesund ernähren willst, aber auf einem Langstreckenflug davon abhängig bist, was dir an Bord serviert wird. Auch dort kannst du dein Vorhaben umsetzen, indem du dir ein bisschen Obst, Gemüse oder Nüsse in einer Snack-Box mitnimmst. Suche immer nach Möglichkeiten, dich so gut es geht von äußeren Faktoren frei zu machen.

Mach dein Ziel messbar!

Sportler z. B. messen ihren Erfolg beim Training, indem sie ihre Trainingseinheiten und Ergebnisse dokumentieren. Läufer*innen können aufzeichnen, wie lang, wie schnell und wie weit eine Trainingseinheit war. Kraftsportler*innen messen vielleicht eher den Umfang ihres Bizeps' oder stellen sich auf die Körperfettwaage. Das sind technisch leicht messbare Marker. Schwieriger ist es mit der Messbarkeit natürlich, wenn dein Ziel darin besteht, ein zufriedenerer Mensch zu werden. Das ist vielleicht die übergeordnete Motivation, die hinter deinem Ziel steht – was uns zur Formulierung deines Ziels bringt.

Formuliere dein Ziel ganz konkret!

Worte sind beim Erreichen von Zielen *nicht* einfach Schall und Rauch. Es hilft, nicht nur einen Vorsatz zu fassen, sondern das Ziel auch wirklich klar zu formulieren. Eine konkrete Wortwahl unterstützt dich bei der Umsetzung des neuen Vorhabens. Denn meist fehlt uns nicht die Motivation, etwas zu ändern, sondern der klare Plan, die genaue Vorstellung vom Ziel. Achte also genau auf deine sprachliche Formulierung. Verwende beim Formulieren so viele Details wie möglich, um keinen Raum für Schlupflöcher oder Auslegungsspielräume zu lassen.

Beispielsweise: »Ich will regelmäßig laufen gehen.«

Besser wäre: »Ich gehe ab Montag dreimal wöchentlich laufen – montags, mittwochs, freitags um 18 Uhr.«

Beschreibe zusätzlich am besten noch deine Motivation, damit du nicht vergisst, was dein Vorhaben für dich bedeutet. Dabei hilft auch, wenn du deine Ziele positiv und in der Gegenwartsform formulierst. Also etwa so:

»Ich gehe ab Montag dreimal wöchentlich laufen – montags, mittwochs, freitags um 18 Uhr –, weil ich dadurch Stress abbaue und mich besser fühle.«

Hast du dein Ziel schließlich formuliert, schreib es auf! Dadurch wird es greifbarer. Dein anfänglicher Wunsch existierte bisher ja nur im Kopf. Auf einem Zettel bekommt er etwas Reales – weil Materielles – und wird erst so wirklich zum Ziel. Häng den Zettel gut sichtbar irgendwo auf. Dann hast du dein Ziel und deine Motivation, quasi den Vertrag mit dir selbst immer im Blick.

Wenn du all das beherzigst, ist die Umsetzung deiner Pläne leichter. Du hast einen konkreten Vertrag mit dir selbst geschlossen. Wenn die Zeit gekommen ist, diesen Vertrag zu erfüllen –

z. B. am Montag bei der ersten Laufeinheit –, musst du keine Entscheidung mehr treffen, sondern nur noch die Laufschuhe schnüren und loslaufen.

Hier ist noch einmal eine Checkliste – die Zielformel:

Dein Ziel ist nicht zu groß und nicht zu klein. ✓
Beim Erreichen deines Ziels bist du nur von dir abhängig. ✓
Dein Ziel ist messbar. ✓
Dein Ziel ist präzise formuliert. ✓
Dein Ziel ist ein schriftlicher Vertrag mit dir selbst. ✓

Mach deine Ziele für dich greifbar

Schreibe dir fünf realistische Ziele oder To-do's auf, die du

1. **in zwei Stunden**
2. **heute/morgen Abend …**
3. **bis zum Ende der Woche**

erreicht haben möchtest. Als kleine Erinnerung: Hier sollten mindestens zwei Ziele/To-do's stehen, die du nur für dich anstrebst und nicht, um die Erwartungen anderer zu erfüllen. Es sollte unbedingt ein Ziel dabei sein, das dir dazu verhilft, zufrieden mit dir selbst zu sein, ohne Abhängigkeit vom Lob anderer.

Formuliere diese Ziele möglichst präzise und konkret, damit du ein klares Bild von deinem Ziel hast. Überprüfe deine Ziele auf ihre Realisierbarkeit.

Von der Achtsamkeit zur Fokussierung

Achtsamkeit ist das bewusste Wahrnehmen dessen, was im gegenwärtigen Moment passiert, ohne es zu bewerten. Wie das funktioniert, hast du bereits gelernt (vgl. den Abschnitt »Achtsamkeit im Alltag: Wie du es schaffst, Glaubenssätze regelmäßig zu überprüfen«). Nun geht es darum, deine durch Achtsamkeit erlernte Fähigkeit des Wahrnehmens und der Konzentration dafür zu nutzen, dich auf dein Vorhaben zu fokussieren.

Es ist selten, dass wir uns im Alltag nur auf eine Sache konzentrieren. Deswegen hilft es, bewusste Fokus-Momente zu schaffen, Inseln im Alltag, in denen du nur dein Ziel visualisierst – nichts anderes. Beginnen kannst du damit, dass du dich in solchen Momenten zunächst wieder nur auf deinen Atem konzentrierst. Öffne das Fenster, inhaliere die frische Luft bis tief in die Spitzen deiner Lungenflügel. Achte darauf, wie der Atem kommt und wieder geht, wie sich dein Bauch und dein Brustkorb heben. Nur das. Manchmal reichen schon drei bewusste, tiefe Atemzüge. Anschließend richtest du deine Sinne bewusst auf dein Vorhaben. Mach dir bewusst, warum du entschieden hast, diese oder jene Gewohnheit abzulegen oder eine Veränderung anzugehen. Das schärft die Konzentration auf dein Ziel.

Das gelingt dir, indem du deinen Fokus auf das Wesentliche richtest – dich darauf konzentrierst, was du wirklich verändern willst. Vielleicht willst du weniger Social Media konsumieren, weniger rauchen, gesünder essen, anderen gegenüber weniger kritisch sein, nicht mehr lästern, liebevoller gegenüber dir selbst sein. Frag dich immer wieder, was du jetzt wirklich willst. Entscheide und bewerte in jedem Fall neu. Durch diese Schritte hast du die Chance, eine andere Richtung als die gewohnte einzuschlagen.

Durch bewusste Entscheidungen bestätigst du alte Gewohnheiten nicht mehr, sondern gibst dir die Chance, diese Gewohnheiten zu lockern oder sogar zu beenden. Immer wenn du in alte Gewohnheiten zurückzufallen drohst, fokussiere dich erneut auf dein Vorhaben. Beispielsweise immer dann, wenn die Chipstüte lockt oder der innere Schweinehund grunzt. Zum Thema Selbstdisziplin kommen wir noch mal genauer im Abschnitt »Selbstdisziplin vs. Rückschläge: Geschichten vom Schweinehund«.

Gehe bei der Fokussierung in kleinen Schritten vor. Frag dich, was die Essenz deines Vorhabens ist. Was ist dir dabei am allerwichtigsten? Koche es auf ein Minimum runter. Wie das funktioniert, lässt sich am Beispiel eines Spickzettels ganz gut verstehen. Du hast auf dem knittrigen Ding wenig Platz und bist gezwungen,

- einen umfassenden Inhalt auf das Wesentliche zu reduzieren,
- dich auf die Kernaussagen zu fokussieren,
- dich zu strukturieren.

Ich will dir hier nicht unterstellen, dass du jemals gespickt hättest – aber falls ja, bist du jetzt klar im Vorteil! Das war dann schon zu Schulzeiten eine Fokussierungs-Übung! Denn je häufiger du einen Spickzettel schreibst, desto raffinierter und effizienter wird er. Vielleicht ist er am Ende sogar so effizient, dass er völlig überflüssig wird. Beim Anfertigen eines Spickzettels bist du immer wieder gezwungen, dich zu fragen, was du wirklich notieren musst, wie du es kürzen kannst und welche Struktur geeignet ist.

Dass Strukturierung sehr hilfreich ist, merkst du beispielsweise beim Einkaufen im Supermarkt. Gerade wenn du einen großen Wocheneinkauf erledigen willst oder viele Lebensmittel brauchst. Eine Freundin nutzt dann den Trick, ihren Einkaufszettel nach den Abteilungen im Supermarkt aufzubauen. Sie schreibt alles Obst und Gemüse in eine Spalte, alle Milchprodukte in die nächste Spalte, dann Getreideprodukte, die Konserven, Getränke usw. Alles in der Reihenfolge ihres Lieblings-Supermarktes. Klingt spießig, hilft aber ungemein.

Egal, ob Spick- oder Einkaufszetteltrick – die Aufgabe, die du deinem Gehirn stellst, indem du dich immer wieder fragst, was das Wesentliche ist und welche Struktur Sinn macht, erfordert eigenständiges Denken. Das ist 100 Prozent Gehirnjogging und hilft dir dabei, deinen Fokus wirklich scharf zu stellen.

Strukturierung und Reduktion auf das Wesentlichste helfen bei der Fokussierung. Fokussierung wiederum spart Energie beim Erreichen deiner Ziele.

Übe dich immer mal wieder darin, in kleinen Momenten achtsam zu sein

Geh achtsam in deinen Feierabend – egal, ob mit oder ohne Kinder oder soziale Verpflichtungen. Frage dich dazu Folgendes und mach dir Notizen:

Kannst du Rituale feststellen? Entspannst du dich z. B. abends beim Essen vor dem Fernseher?

Versuche stattdessen, 15 Minuten lang bewusst dein Essen zu genießen und dich danach deiner Abschalt-Beschäftigung zu widmen. Ich meine damit, dass du wirklich schmecken solltest, was du gerade zu dir nimmst. Temperatur, Konsistenz, wie oft kaust du, schmeckt es dir? Wie fühlt sich Schlucken an? Dein Magen und deine Sinne werden sich freuen, wenn du sie einmal nicht mit Multitasking überforderst.

Du kannst darüber hinaus versuchen, folgendes Feierabend-

Ritual in deinen Alltag einzubauen: Schreibe fünf Dinge auf, die heute gut waren und für die du dankbar bist oder erzähle sie einer Person in deinem Umfeld.
Überprüfe deine Feierabendrituale auf ihre Sinnhaftigkeit und tausche sie gegebenenfalls aus beziehungsweise gestalte sie achtsamer.

Aller Anfang …: neue Verhaltensweisen zur Gewohnheit machen

Es braucht Bewusstsein und Zeit, um unliebsame Gewohnheiten loszuwerden. Aber es ist möglich. In diesem Kapitel habe ich bisher beschrieben, wie du herausfindest, was du wirklich willst und was dich daran hindert. Du hast erfahren, warum der Weg mindestens ebenso wichtig ist wie das Ziel selbst und wie du deine Ziele formulierst. Damit hast du die wichtigsten Grundsteine schon gelegt. Die wichtigsten kleinen Schritte Richtung große Veränderung sind geschafft!

Jetzt geht es darum, dich von alten Gewohnheiten zu trennen und neue Verhaltensweisen zu etablieren. Auch hier empfiehlt sich: Fang erst mal mit einer einzigen kleinen Änderung an, auch wenn es deinem Drang widerspricht, weil du jetzt schon so viel gelernt hast und du am liebsten gleich alles umsetzen würdest, was dir in den Sinn kommt. Versuche dich zunächst an einem Vorhaben und wage dich dann ans nächste. Konzentriere deine Anfangsenergie auf nur eine Gewohnheit. Du weißt ja jetzt: Viele kleine Schritte ergeben ein großes Ganzes. Wenn du zu enthusiastisch bist und gleichzeitig mit dem Rauchen, Trinken, späten Zubettgehen und dem Fleischkonsum aufhören willst, kommt es zwangsläufig zur Frustration, weil du zu viel auf einmal versuchst.

Was zu Beginn hilft, ist ein auslösendes Moment. Du brauchst einen Startschuss! Du musst einen Handlungsbedarf sehen.

Auslösereize können z. B. bestimmte Lebensereignisse sein. Sie lassen dir oft keine andere Wahl, als etwas zu verändern. Eine Trennung, ein Unfall oder ein Verlust, aber auch ein Erfolgserlebnis, das Überwinden einer Erkrankung, eine aufregende Begegnung mit einem anderen Menschen oder die Geburt eines Kindes geben uns Antrieb, Dinge zu verändern. Manchmal ist es aber auch ein länger schwelendes Gefühl, das dich schließlich dazu bringt, ein Vorhaben endlich in die Tat umzusetzen. Auf einmal sind der Moment und die Motivation da, den Start in eine neue Richtung zu wagen. Das kann beispielsweise passieren, wenn deine »persönliche Schmerzgrenze« erreicht ist. Wenn deine Küche im Chaos versinkt und du morgens Zeit vergeudest, weil du die letzte saubere Tasse suchen musst, kann daraus die Motivation wachsen, endlich klar Schiff zu machen und die Spuren der letzten Küchenschlacht in Zukunft schneller zu beseitigen. In diesem Fall veränderst du dein Verhalten nicht (nur), weil du es musst, sondern weil du es möchtest.

In der Verhaltenspsychologie geht man übrigens davon aus, dass das Verhalten nicht nur der einzelnen Person selbst entspringt, sondern ebenso von der Umwelt bestimmt und beeinflusst wird. Es ist also hilfreich, deinen Freunden und Freundinnen, deiner Familie oder den Kolleg*innen von deinem Vorhaben zu erzählen.

Aber wie packst du das Abgewöhnen nun konkret an? Es gibt zwei Methoden, lästige Gewohnheiten abzulegen:

a. Du streichst die unliebsame Angewohnheit ersatzlos (Extinktion) oder
b. Du ersetzt die alte Angewohnheit durch eine neue.

Extinktion bedeutet wörtlich »Auslöschung«. Aber keine Angst, dein Gehirn wird nicht »geblitzdingst«. Es handelt sich bei Extinktion nicht um Vergessen oder Verlernen. In der Psychologie wird der Begriff vielmehr im Sinne von »Hemmung« oder »Abschwächung« verwendet. Das erfordert übrigens ein »zusätzliches« Lernen für dein Gehirn – es lernt nämlich, auf einen bestimmten Reiz nicht mehr so zu reagieren wie bisher. Du hast sicher schon vom berühmten pawlowschen Hund gehört. Dem wurde wiederholt ein Glockenton vorgespielt, und danach erhielt er ein Leckerli. Alsbald fing der Hund schon dann an zu sabbern, wenn der Glockenton erklang. Das nennt man »klassische Konditionierung«. Bekam der Hund nach dem Glockenton mehrere Male kein Leckerli mehr, ließ auch der Speichelfluss beim Erklingen des Tones allmählich wieder nach. Das konditionierte Verhalten wurde gehemmt. Die klassische Konditionierung funktioniert übrigens auch bei uns Menschen. In einem höchst umstrittenen Experiment lehrte der US-amerikanische Psychologe John B. Watson ein Baby namens Albert das Fürchten vor einer Maus.[8] Watson erschreckte den kleinen Albert wiederholt mit einem lauten Hammerschlag auf eine Metallstange. Albert weinte. Gleichzeitig zeigte der Forscher dem Kind eine weiße Maus. Das Nagetier war für Albert nach einiger Zeit der Konditionierung kein neutraler Reiz mehr. Das Kind begann schließlich schon beim Anblick der Maus zu weinen, auch ohne den Lärm des Hammerschlags.

Wirklich neues Verhalten vermittelt die klassische Konditionierung allerdings nicht. Durch einen Reiz wird lediglich ein natürliches Verhalten ausgelöst. Soll nun aber ein Hund ein Kunststück lernen, bedarf es einer »operanten Konditionierung«. Dieser Begriff wurde vom US-amerikanischen Psychologen Burrhus Frederic Skinner geprägt. Skinner setzte Tauben oder Ratten in eine Kiste mit einem Hebel.[9] Betätigten die Versuchstiere zufällig diesen Hebel, gab es eine Belohnung mit Futter. Nach einer gewissen Zeit lernten die Tiere, den Hebel bewusst zu drücken, um Futter zu bekommen. Die Tiere zeigten also ein bestimmtes Verhalten und wurden dafür belohnt. Es war also erst das Verhalten da, dann der Reiz in Form einer Belohnung.

Willst du eine unliebsame Angewohnheit ersatzlos streichen, verlangst du von dir und deinem Gehirn, bestimmte erlernte Prozesse zu hemmen. Das erfordert Willenskraft und Disziplin. Dein Reflex ist nämlich nur auf »Snooze-Modus« gesetzt, deine alte Reaktion schlummert noch tief in dir drin. Mit Willenskraft kann es dir gelingen. z. B. auf Naschereien vor dem Fernseher zu verzichten, auch wenn dich der Heißhunger packt. Der Auslösereiz (Lümmeln vor dem Fernseher) ist vielleicht jeden Abend gegeben, aber bleibt ohne Reaktion (Naschereien), da du dich entscheidest, dich nicht »reizen« zu lassen. Der Nachteil ist, dass diese Methode leider oft nur vorübergehend funktioniert. Denn irgendwann ist dein Disziplin-Konto aufgebraucht, die Motivation dahin.

Noch schwieriger wird es bei Verhaltensmustern, die mit Angst zu tun haben. Vor einigen Jahren hatte ich den siebenjährigen Sohn einer Klientin in der Praxis, der unfassbare Angst vor Geistern in seinem Schrank hatte und nachts deswegen einfach nicht alleine schlafen konnte. Über die Jahre waren die Geister in seiner Fantasie immer größer, gruseliger und bedrohlicher geworden. Der Junge wurde schon ängstlich, sobald es draußen dunkel wurde. Er vermied es, in sein Zimmer zu gehen. Sobald die Mutter ihren Sohn dazu bringen wollte, sich dem Schrank zu nähern, war das Geschrei groß. Also ließ es die Mutter lieber bleiben – sie unterstützte das Vermeidungsverhalten ihres Kindes noch durch Nicht-Konfrontation. Ich hielt Mutter und Sohn dazu an, den Schrank immer wieder zu öffnen, mit den »Geistern« zu sprechen, davor stehen zu bleiben und das auszuhalten. Mit der Zeit klang das ängstliche Verhalten des Jungen ab, da er die neue Erfahrung machen durfte, dass im Schrank keine Geister wohnten. Letztendlich schlief er sogar bei geöffneten Schranktüren.

Wir alle haben unsere Geister im Schrank. Willst du nicht von Ängsten bestimmt werden, musst du *sie* bestimmen, indem du dich mit ihnen konfrontierst. Das funktioniert durch kontinuierliches Üben. Stellst du dich bewusst immer wieder einer bestimmten Situation, vor der du Angst hast, die ungewohnt oder unangenehm ist, wird die ursprüngliche starke Reaktion schwächer. Hast du z. B. Angst vor Höhe, wage dich in kleinen Schritten aus deiner Komfortzone. Du musst nicht gleich auf dem Eiffelturm üben. Ein Sprung vom Ein-Meter-Brett im Freibad tut es auch. Stell dich dem Gefühl und erlaube dir damit eine neue Erfahrung. Du wirst sehen, mit der Zeit lässt die Angst nach – wenn du dran bleibst! Hast du längere Zeit nicht mehr von einer hohen Klippe hinunter geschaut, kommt die Angst wieder. Stell dich also regelmäßig deiner Herausforderung.

Die oben aufgeführte Variante b) bedeutet, dass du dich von der Angewohnheit verabschiedest, indem du sie durch eine neue ersetzt. Das Gute beim Tauschen: Es ist meist leichter, als sich Dinge komplett zu verbieten. Denn Gewohnheiten lassen sich »überschreiben«, »überlernen«, wenn du so willst. Es ist nichts anderes als Training fürs Gehirn.

Neue Gewohnheiten zu etablieren ist leichter, als alte loszuwerden.

Je nach Typ kann es sein, dass es dir leichter fällt, abends vor dem Fernseher einen Apfel statt Schokolade zu essen (also dein Verhalten durch ein anderes zu ersetzen), anstatt komplett auf einen Snack zu verzichten. Deinen persönlichen Vorlieben und deiner Kreativität beim Erfinden solcher Tricks sind keine Grenzen gesetzt. Vielleicht fördert ja eine Runde Yoga am Abend genauso dein Wohlbefinden wie sonst die Schokolade. Oder du unternimmst einen kleinen Spaziergang. Denn manchmal kann es helfen, das Umfeld zu verändern. Vielleicht hast du schon mal bemerkt, dass unliebsame Gewohnheiten oft zu Hause bleiben, während du in Urlaub fährst. Manchen Menschen fällt es im Urlaub z. B. leichter, mit dem Rauchen aufzuhören. Dass sich Gewohnheiten in neuen Umgebungen besser ändern lassen, konnten auch mehrere Studien zeigen. Die amerikanische Wissenschaftlerin Wendy Wood z. B. zeigte zusammen mit ihren Kolleginnen, dass Student*innen ihren Medienkonsum änderten, wenn sie die Uni wechseln mussten.[10]

Der Grund dafür, dass Ortswechsel auch das Verändern von Gewohnheiten erleichtern, besteht vermutlich darin, dass Dinge, die du in deiner gewohnten Umgebung fast automatisch tust, in einer neuen Umgebung ein Umdenken, eine kognitive Anstrengung erfordern. Das ist anstrengend, bietet aber auch die Chance, neue Routinen zu entwickeln.

Was dir am Anfang ebenfalls helfen kann, neue Verhaltensweisen zur Gewohnheit zu machen, ist das sogenannte »Wenn-Dann-Prinzip« – eine Strategie zur Selbstregulierung. Diese Strategie beruht auf dem vom Psychologen Peter M. Gollwitzer geprägten Konzept der »Implementationsintention«. Dieses Konzept beschreibt das Spannungsfeld zwischen Intention und tatsächlichem Handeln. Gollwitzer unterscheidet zwei Formen von Intentionen. Zum einen ist da deine »Zielintention« (engl. *goal intention*). Zum Beispiel: Ich möchte gesünder leben. Eine Zielintention bedeutet aber noch nicht, dass daraus auch ein Handeln entsteht. Dazu bedarf es einer genauen Absicht, deiner »Realisierungsintention« (engl. *implementation intention*). Im übertragenen Sinne bedeutet das: Du musst nicht nur den Willen haben, dein Ziel zu erreichen – du benötigst auch den Willen, etwas konkret dafür zu tun.

Implementationsintentionen beschreiben also ein genaues Wann, Wo und Wie: Wenn ich das nächste Mal in den Supermarkt gehe, dann lasse ich den Gang mit den Süßigkeiten aus und kaufe dafür die Obst- und Gemüseabteilung leer. (Zur Formulierung deiner Ziele und Vorhaben siehe auch den Abschnitt »Worte, Worte, Worte: Ziele wollen gut formuliert sein«). Wie du siehst, geht es hier um bestimmte Variablen, die das Erreichen deiner Ziele beeinflussen.

Der Sozialpsychologe Icek Ajzen geht bei den Variablen noch einen Schritt weiter. In seiner »Theorie des geplanten Verhaltens« berücksichtigt er auch soziale Normen und Einstellungen. Deine Intention / Verhaltensabsicht ist laut Ajzen abhängig von

1. deiner Einstellung gegenüber dem geplanten Verhalten (»Ich schaffe es sicher.« / »Ich schaffe es eh nicht.«),
2. von sozialen Normen (»Meine Mutter denkt, ich schaffe es.«)
3. und der Erwartung, wie einfach oder schwierig die Ausführung deines Vorhabens wird (»Ich weiß, dass es schwierig wird, aber ich schaffe es. Meine Mutter denkt das auch!«).[11]

Du merkst, Psycholog*innen zerbrechen sich den Kopf und entwickeln allerlei Theorien. Es gibt aber nicht den *einen* richtigen Weg. Je nach Persönlichkeit und Gewohnheit haben alle Varianten und Tricks Vor- und Nachteile. Finde heraus, was am besten zu dir passt. Das Wissen um die psychologischen Grundlagen und Theorien dahinter kann dir helfen, dein Verhalten besser zu verstehen und zu steuern. Letztendlich geht es zu Beginn einfach darum, den ersten Schritt zu machen, die ausgetretenen Pfade zu überdenken und hin und wieder auch zu verlassen. Welche spannenden Reaktionen das in deinem Gehirn auslöst, erfährst du im Abschnitt »So lernt unser Gehirn«.

Raus aus deiner Komfortzone!

Verlasse diese Woche bewusst deine Komfortzone.
Sprich einmal pro Woche eine fremde Person an, fahre einmal pro Woche an einen Ort, an dem du noch nie gewesen bist, trinke einmal am Tag ein Getränk besonders achtsam und schmecke, spüre, genieße es. Natürlich kannst du alle diese Zielbeispiele durch eigene Ziele ersetzen. Am besten trägst du diese Pläne sofort in deinen Kalender ein. Wenn du einen digitalen Kalender auf dem Handy hast, stelle dir Erinnerungen mit Push-Nachrichten ein – damit erhöhst du die Erfolgswahrscheinlichkeit, deinen Ausflug aus der Komfortzone bestens zu meistern.
In welchen Situationen hast du in der Woche deine Komfortzone verlassen?
Schreib sie in dein Notizbuch.
Bewerte diese Gewohnheiten mit

+ = positiv,
– = negativ,
o = neutral.

Welche positiven Gewohnheiten würdest du gerne in deinen Alltag einbauen? (Z. B., morgens drei Minuten mithilfe der Meditations-App headspace meditieren, dich drei Minuten lang ausgiebig strecken und dehnen, einen positiven Satz finden, der dir Schwung bringt, um in den Tag zu starten etc.)
Notiere sie.
Welche negativen Gewohnheiten möchtest du konkret aus deinem Start in den Tag streichen? Schreibe auch diese Gewohnheiten in dein Notizbuch.

Kapitel 5: Der dritte Schritt zu besseren Gewohnheiten – Wiederholen und Verstärken

Bergfest! Zwei von vier Schritten zu besseren Gewohnheiten hast du schon erfolgreich gemeistert. Du hast die Ursachen deines Verhaltens analysiert, und du bist dir darüber bewusst geworden, was du wirklich willst. Nun geht es darum, deine neuen Verhaltensweisen zu etablieren.

In diesem Kapitel zeige ich dir, wie du dir die Macht der Wiederholung zunutze machst. Denn Gewohnheiten und Verhaltensweisen sind tief im Gehirn verankert. Durch Wiederholung werden sie in den neuronalen Strukturen gefestigt. Du wirst sehen, wie sich auch Kinder die Macht der Wiederholung sehr erfolgreich zu eigen machen und wie wirksam Wiederkehrendes in der Rhetorik und in der Musik ist. Du wirst lernen, welche Rolle Nervenzellen, elektrische Signale und Synapsen dabei spielen. Und du wirst sehen, dass Gewohnheiten das Gehirn effizient machen. Denn einmal gefestigt, kosten sie wenig Aufwand und Energie. Dafür wird dich dein Gehirn lieben und belohnen. Denn es ist auf Effizienz gepolt. Beim Etablieren von neuem Verhalten geht es also nicht um einmaliges Produktivsein, sondern um tägliche Routinen. Unser Ziel ist es, deine neuen Verhaltensweisen quasi in deinen Alltag »einzubrennen«.

Dabei wirst du vielleicht Bekanntschaft mit dem inneren Schweinehund machen. Du wirst trotz allen Übens und Wiederholens Rückschläge erleiden oder hier und da abgelenkt sein. Ich zeige dir, wie du aus Rückschlägen lernen und Stärke gewinnen kannst. Denn Veränderung passiert nicht von heute auf morgen und auch nicht linear. Aber genau das bietet die Möglichkeit zu einer Weiterentwicklung. Und sollte es dennoch mal brenzlig werden, gebe ich dir Tipps gegen Ablenkungen, sodass du am Ende dieses Kapitel gar nicht mehr weißt, wer dieser Schweinehund eigentlich ist. Dafür wirst du wissen, was Tomaten oder Goldfische mit deiner Aufmerksamkeit zu tun haben.

Die Macht der Wiederholung

Wie Fokussierung funktioniert und warum sie hilfreich ist, hast du bereits gelernt. Nun kommt es darauf an, dich nicht nur jetzt, beim Lesen dieses Buches, einmalig auf das zu fokussieren, was du erreichen möchtest. Je öfter du Fokus-Momente in deinen Alltag einbaust, desto besser kannst du deine Ziele erkennen. Je häufiger du strukturiert deine Ziele verfolgst, desto mehr Fortschritte wirst du wahrnehmen.

> ***Nur durch Wiederholung verankerst du neue Gewohnheiten.***

Vielleicht hast du selbst Kinder oder du hast Nichten und Neffen oder andere Kinder in deinem Umfeld. Dann kannst du beobachten, dass kleine Kinder Meister der Wiederholung sind. Sie wollen ein und dasselbe Kinderlied am liebsten hundertmal hintereinander hören (und das möglichst laut) oder ihr Lieblingsspiel am besten den ganzen Tag spielen. Wenn das Puzzle fertig ist, wird es kurzerhand zerstört und wieder von vorne angefangen, genau wie der Turm aus Bauklötzen, der zum dreißigsten Mal krachend zusammenbricht. Natürlich, weil es Spaß macht, aber auch, weil Kinder auf diese Art und Weise lernen: durch Wiederholung. Das Gehirn eines Kindes hat schließlich jede Menge neues Wissen und neue Fähigkeiten zu pauken. Jeden Tag. Neu erlernte Dinge werden durch Wiederholung in den neuronalen Strukturen gefestigt. Und das gilt auch für Erwachsene und ihre Gehirne. Wiederhole also neue Gewohnheiten so oft wie möglich und immer wieder. Dabei kann dich schon deine bloße Vorstellungskraft unterstützen. Imagination und Visualisierung sind genauso hilfreich wie reales Erleben. Denn unser Unterbewusstsein unterscheidet nicht zwischen gedanklicher oder realer Tätigkeit.

Die Wichtigkeit der Wiederholung kannst du dir am Bild eines Trampelpfades vor Augen führen. Wenn du etwas Neues lernst oder eine neue Gewohnheit etablieren möchtest, ist anfangs zwischen den entsprechenden Gehirnzellen wirklich nur ein kleiner Trampelpfad, der auch schnell wieder zuwächst, wenn du das Neue nicht wiederholst. Aber je häufiger du diesen Trampelpfad nutzt, je höher das »Verkehrsaufkommen« in deiner Gehirn-Datenbahn wird, desto stabiler wird dieser Pfad. Wenn du die Informationen, die dein Gehirn gespeichert hat, wiederholt abrufst, wird aus dem Trampelpfad ein Weg, eine Landstraße und irgendwann eine richtige Gehirn-Autobahn. Erst dann sind die Informationen wirklich langfristig gespeichert. Durch die Wiederholungen stärkst du also deine Synapsen. Mehrere synaptische Kontakte zwischen Nervenzellen begünstigen, dass ein zusätzlicher Kontakt gebildet wird. Die Ausbildung dieser neuen Verbindungen zwischen Nervenzellen wiederum ist wesentlich für das Abspeichern von Inhalten im Gedächtnis (siehe dazu auch den Abschnitt »So lernt unser Gehirn«).

Die Macht der Wiederholung findet auch in der Rhetorik ihre

Anwendung. Schon der römische Feldherr Cato soll sich den Wiederholungseffekt zunutze gemacht haben. Angeblich beendete er jede seiner Reden mit ein und demselben Satz: »Ceterum censeo Carthaginem esse delendam!« Zu Deutsch: »Im Übrigen bin ich der Meinung, dass Karthago zerstört werden muss!« Mit diesem Satz beantragte Cato angeblich in jeder Sitzung des römischen Senats die Zerstörung Karthagos – auch wenn es in der Diskussion eigentlich um ganz andere Themen ging. Der Senat stimmte Cato dann im Jahre 150 v. Chr. schließlich zu, was tatsächlich zur Zerstörung Karthagos führte. Wir müssen aber gar nicht so weit in die Geschichte zurückgehen – auch in der Musik ist die Wiederholung ein probates Mittel. Vor allem Popsongs bestehen aus wiederkehrenden Strukturen. Wiederholungen geben Orientierung und machen das Hören leichter. Vielleicht ist dir auch schon mal aufgefallen, dass dir ein Song beim erstmaligen Hören noch gar nicht so gut gefällt, er nach einigem Rauf- und Runtergedudel im Radio aber schließlich doch zum Ohrwurm wird. Der US-amerikanische Psychologe Robert Zajonc hat dieses Phänomen, das er in Experimenten belegen konnte[12], 1968 »Mere-Exposure-Effekt« getauft. Der »Mere-Exposure-Effekt« bedeutet:

> ***Allein die wiederholte Wahrnehmung einer zunächst neutral beurteilten Sache kann eine positivere Bewertung zur Folge haben.***

Wenn du nun verstanden hast, welch ein nützliches Werkzeug die Wiederholung ist, und es geschafft hast, alte Gewohnheiten durch neue zu ersetzen und diese regelmäßig in deinem Alltag zu etablieren, hast du schon einen weiteren Schritt in die richtige Richtung gemacht! Auch neue Gewohnheiten lassen sich nur durch Wiederholungen verankern. Wenn du neue Aufgaben übst, bis sie dich immer weniger Energie und Aufwand kosten, werden sie schließlich zu Routinen. Sie sind dann in deinem Handeln »eingebrannt«. Was dabei im Gehirn passiert, lernst du in den folgenden Kapiteln.

Gewöhn dich dran!

Hier kommt eine kleine Fasten-Einheit. Nein, keine Sorge, du musst jetzt nicht auf Nahrung verzichten. Du darfst mal kurz deine Gewohnheiten beobachten und alles fasten, was dich zu gesünderem Verhalten bringt. Deine Aufgabe ist es,

1. achtsam durch deinen Alltag zu gehen und dabei zu beobachten, welche Gewohnheiten du besser
2. austauschst,
3. weglässt oder
4. neu etablierst.

Verzichten kannst du z. B. auf Aufzüge, Rolltreppen und Abkürzungen! Warum? Weil du dich bei jedem Extraschritt bewegst und Bewegung gesund ist. Nimm die Treppe, atme dabei tief durch, spüre die Bewegung – und mach dir genau das zur Gewohnheit. Langfristig bedeutet das, dass du durch wiederholtes Verhalten eine neue Gewohnheit in deinem Leben etablierst: Wann immer du eine Rolltreppe oder einen Aufzug siehst, nimmst du stattdessen die Treppe.

Hier sind noch ein paar Fastenkur-Beispiele:

- vier Tage lang negative Bewertungen weglassen,
- zwei Tage lang auf Süßigkeiten verzichten,
- drei Stunden bis zu einer Woche Social Media fasten,
- vier Tage lang nicht jammern,
- vier Tage lang das Grübeln sein lassen.

So lernt unser Gehirn

Erfolg ist das Produkt täglicher Gewohnheiten, nicht einer einmaligen Anstrengung. Du musst neue Gewohnheiten also etablieren, indem du sie wiederholst, denn so lernt das Gehirn. Und es lernt gerne. Sobald es arbeitet, feuern Nervenzellen elektrische Signale ab. An ihren Enden liegen die Schaltstellen unseres Gehirns, die Synapsen. Dieses neuronale Netz wird mit jeder Wiederholung gestärkt. Vereinfacht bedeutet das: Das Gehirn merkt sich, welche Verbindungen oft gebraucht werden und reagiert darauf. Bestehende Verknüpfungen werden stärker, neue Verknüpfungen kommen hinzu und nicht benutzte verschwinden wieder. Und das ein Leben lang.

Auf unser Verhalten übersetzt, bedeutet das also: Aus einer neuen Verhaltensweise wird durch stetiges Wiederholen irgendwann eine etablierte Gewohnheit, die uns dann nicht mehr schwerfällt. Es ist wie Vokabeln lernen. Dieses Prinzip gilt übrigens nicht nur für unser Verhalten, sondern auch für das Denken und Fühlen.

Ein weiterer Kniff, der dabei hilft, das Zurückfallen in alte Gewohnheiten zu vermeiden, besteht darin, den Weg des geringsten Widerstandes zu gehen. Je kleiner die Anstrengung, je weniger Energie also für eine neue Gewohnheit notwendig ist, umso eher gelingt es, sie zu festigen.

Du lernst also nicht gleich ein ganzes Wörterbuch auswendig, sondern gibst dir kleine Happen. Zehn Vokabeln am Tag lernen sich leichter als ein ganzes Buch. Allerdings musst du dranbleiben … (aber auch dafür gibt es Tricks! Vgl. den Abschnitt »Ein Löffelchen voll Zucker: Wie das Gehirn belohnt«)

So funktioniert der klassische Lernprozess. Er ist eine Wechselwirkung zwischen auslösendem Reiz, Handlung und Belohnung (auf die werde ich im nächsten Kapitel noch genauer zu sprechen kommen). Es ist also nicht der bloße Wille an sich, der Verhaltensänderungen bewirkt. Der Wille stößt schnell an seine Grenzen, wenn keine Nervenbahnen gebildet sind, die er abschreiten kann. Tatsächlich – und hierin sind sich Wissenschaftler aus so unterschiedlichen Bereichen wie Neurologie, experimenteller Psychologie und Verhaltensökonomie einig – laufen zwischen 30 und 50 Prozent unseres täglichen Handelns automatisch, also »willensfrei« ab. Das ist sehr praktisch: Stell dir vor, wo du enden würdest, wenn du dir tagtäglich den Kopf darüber zerbrechen müsstest, wie man sich ein Butterbrot schmiert oder ein Telefon bedient. Solche alltäglichen Verhaltensweisen sind stark automatisiert. Wie das Laufen. Wenn du Kinder beobachtest, die gerade laufen lernen, wird dir bewusst, wie vieler Wiederholungen es bedarf, bis es schließlich unfallfrei klappt. Je komplexer eine Handlung ist, desto öfter muss sie wiederholt werden, bis sie schließlich automatisiert funktioniert. Unser Gehirn liebt diese Automatismen. Sie sparen nämlich Energie für andere Dinge. So kannst du während eines Spaziergangs eine Strategie gegen die Erderwärmung entwickeln oder zumindest den Einkauf für das Abendessen planen – obwohl das Gehen als solches in Kindertagen so kompliziert erschien.

Der ehemalige US-Präsident Barack Obama hat während seiner Amtszeit überwiegend graue oder blaue Anzüge getragen, ist in einem Artikel in der *Vanity Fair* über »Obama's Way« zu lesen.[13] Der ehemalige US-Präsident selbst erklärte, auf diese Weise spare er sich die Entscheidung darüber, was er anziehen müsse. Schließlich habe er auch so noch genügend andere, wesentlich wichtigere Entscheidungen zu treffen. Solche Tricks entlasten unser Gehirn tatsächlich. Oder, wie es Hirnforscher Gerhard Roth von der Universität Bremen formuliert, sind Gewohnheiten »sowohl stoffwechselbiologisch als auch neuronal billig«.[14] Das soll heißen: Gewohnheiten kosten – einmal gefestigt – wenig Aufwand und Energie. So bleibt das Gehirn effizient.

Abgespeichert werden Routinen in den Basalganglien des Gehirns, unterhalb der Großhirnrinde. Was dort abgelegt wurde, kann wie in einer gut sortierten Bibliothek jederzeit abgerufen werden. Das funktioniert wieder nach dem Reiz-Reaktions-Muster. Eine Gewohnheit startet immer mit einem Auslösereiz. Wenn du die Zahnbürste in die Hand nimmst, prüft dein Gehirn, ob eine Routine für diesen Reiz gespeichert ist. Falls ja, wird die abgespeicherte Verhaltensweise ausgeführt. Bist du fertig mit dem Zähneputzen, wird das Belohnungszentrum aktiviert. Das Gehirn schüttet körpereigene Opioide, also Glückshormone aus. Sie sorgen dafür, dass du dich wohlfühlst, wenn du tust, was du kennst.

Dein Gehirn belohnt dich dafür,
wenn du so handelst wie gewohnt.

Ungewohntes oder Unbekanntes wird erst durch Wiederholung zur Routine, die dann schließlich abgespeichert wird.

Doch wie immer gibt es einen kleinen Haken, wenn es gerade so richtig bequem wird. Automatisierte Prozesse haben den Nachteil, dass deine bloße Absicht, eine Gewohnheit abzulegen, zur Änderung deines Verhaltens nicht ausreicht. Tief drinnen in den Hirnwindungen abgelegt, sind alte Gewohnheiten nicht kognitiv erreichbar. Du kannst dir Gewohnheiten vorstellen wie kleine Computerprogramme, die bei einem bestimmten Auslösereiz einfach ablaufen. Das Gehirn macht dabei keinen Unterschied zwischen guten und schlechten Gewohnheiten.

Selbstdisziplin vs. Rückschläge: Geschichten vom Schweinehund

Neben der Bequemlichkeit unseres Gehirns, das stets darauf bedacht ist, Energie zu sparen, ist da noch etwas, das uns manchmal am Erreichen unserer Ziele hindert: der innere Schweinehund. Wir alle kennen dieses Tierchen, das wir so gern als Schuldigen identifizieren, wenn wir mal wieder »schwach werden« und uns nicht an unsere Vorsätze halten. Blöd nur, dass es den inneren Schweinehund genau genommen gar nicht gibt. Denn alles, was dich am Erreichen deiner Ziele hindert, kannst du jeden Morgen im Spiegel betrachten. Es ist nicht der Schweinehund, sondern du selbst. Sorry. Aber das Gute ist: Damit bist du nicht allein. Schon bei den Dichtern und Philosophen der Antike finden sich Beschreibungen des Zustandes, in dem es uns trotz bester Absichten einfach nicht gelingen will, das zu tun, was gut für uns wäre.

Dass es uns manchmal so schwerfällt, uns aufzuraffen oder durchzuhalten, liegt daran, dass der Weg zum Ziel nicht linear verläuft. Auf dem Weg zum Ziel muss man immer wieder mal durchs Tal der Enttäuschung. Aber auch wenn du einen Rückschlag erleidest – deine Mühen waren nicht umsonst. Deine Versuche werden vom Gehirn konserviert. Am Ende bringen dich alle Versuche, alle Wiederholungen zusammengenommen zum Ziel. Es heißt nicht umsonst, der Mensch sei die Summe seiner Erfahrungen. Es dauert nur manchmal, bis der Knoten platzt.

Stell dir nur mal einen Topf voll Wasser auf dem Herd vor. Schaltest du die Herdplatte an, beginnt das Wasser nicht sofort zu kochen. Es erwärmt sich Schritt für Schritt, Grad um Grad. Es fängt weder bei einer Temperatur von 97 Grad Celsius an zu kochen, noch bei 98 oder 99 Grad Celsius. Unter normalem atmosphärischem Druck siedet es erst bei 100 Grad Celsius. Das bedeutet nicht, dass die vorangegangenen Temperaturschritte vergebens waren. Ganz im Gegenteil.

Wie wichtig viele kleine Schritte und Wiederholungen sind, merkt auch jeder, der schon mal versucht hat, Rasen zum Wachsen zu bringen. Frisch gesäter Rasen muss jeden Tag gewässert werden. Je nach Wetter passiert tage-, sogar wochenlang nichts. Das kann sehr deprimierend sein. Doch dann, mit einem Mal – scheinbar über Nacht –, ist der Durchbruch da, das erste Grün schimmert durch! Die Gärtner*in hegt und pflegt die jungen Halme, schließlich ist ihr Ziel ein geschlossener, sattgrüner Rasenteppich. Doch dann fährt sie in den Urlaub, kann nicht wässern und es fällt kein Regen. Der Rasen verdorrt. Was für ein Rückschlag, als sie zurückkehrt. Doch die Wurzeln sind noch intakt. Die Gärtner*in nimmt den Schlauch wieder zur Hand, der Rasen regeneriert sich. Die vorangegangenen Mühen waren nicht umsonst. Rückschläge können also passieren, bedeuten aber nicht, dass alles vorhergehende Üben und Wiederholen umsonst war.

Eine Strategie, Krisen zu bewältigen und sich dabei innerlich weiterzuentwickeln, besteht z. B. darin, das eigene Leben und die Dinge, die einem wichtig sind, neu zu bewerten. Oft lernt man durch Rückschläge die kleinen Dinge wieder mehr zu schätzen. Ganz einfach, weil sich der Fokus, die Perspektive ändert, wenn man eine Krise durchleben musste.

> ***Nimm Rückschläge unter dem Motto »Scheitern als Chance« an. Dann kannst du gestärkt aus Krisen hervorgehen.***

Viele Menschen schaffen das. Gehörst du dazu? Oder schiebst du Rückschläge auf den inneren Schweinehund? Suhlst du dich gar mit ihm in der Pfütze voller »Ich kann nichts« und »Es ist unfair«? Dann bist du so sehr an deine bisherigen Gewohnheiten gewöhnt, dass wir es hier mit einem besonders schweren Fall von Schweinehunditis zu tun haben. Was das bedeutet? Lass dich nicht von dem Viech einschüchtern! Rückschläge sind normal und gehören zum Leben nun mal dazu. Mit diesem Wissen bist du schlauer, als es der Schweinehund jemals sein wird. Und wenn er sich das nächste Mal meldet, nimm ihn doch mit zum Joggen! Aber lass die Leine nicht zu lang, sonst macht er, was er will …

Übrigens: Der Begriff »Schweinehund« geht auf den Sauhund zurück, dessen Aufgabe bei der Wildschweinjagd es war, die Beute zu hetzen, zu ermüden und festzuhalten. In anderen Sprachen gibt es keinen Begriff für das Phänomen. Der innere Schweinehund ist biodeutsch. Wenn dich das Tierchen also zu sehr im Griff hat, solltest du übers Auswandern nachdenken.

Tipps und Tricks gegen Ablenkungen

Auch wenn es den Schweinehund in Wirklichkeit nicht gibt, so lauern doch immer wieder Ablenkungen am Wegesrand, während du versuchst, ein Ziel zu erreichen. »Menschen haben erstmals eine geringere Aufmerksamkeitsspanne als Goldfische« – diese Behauptung einer von Microsoft finanzierten Studie sorgte 2015 für Furore.[15] Menschen, so das Ergebnis, könnten sich mittlerweile nur noch acht Sekunden lang auf eine Sache konzentrieren, Goldfische immerhin neun Sekunden lang. Man untersuchte dafür die Hirnaktivität von 112 Menschen, während sie verschiedene Aufgaben erfüllen mussten. Viele etablierte Medien berichteten über diese Studie. Noch im Jahr 2000, so war zu lesen, habe unsere durchschnittliche Aufmerksamkeitsspanne bei zwölf Sekunden gelegen. Was war seither geschehen? Sind die Smartphones schuld? Entwickeln wir uns zurück? Fortan sprach man jedenfalls von der »Generation Goldfisch«.

Allerdings ist diese schon 2015 in Auftrag gegebene Studie nicht wasserdicht. Angegebene Quellen und Referenzen sind fragwürdig oder laufen ins Leere. Es gibt keine Beweise dafür, dass Goldfische – oder Fische im Allgemeinen – besonders kurze Aufmerksamkeitsspannen hätten. Und die menschliche Aufmerksamkeitsspanne variiert, je nachdem, worauf wir uns gerade konzentrieren. An einem extrem spannenden Thema bleibst du eher dran als an etwas, das dich zu Tode langweilt. Es ist nicht wissenschaftlich belegt, dass die durchschnittliche Aufmerksamkeitsspanne des Menschen sinkt.

Trotzdem fällt es manchmal schwer, sich auf Ziele, Aufgaben und Vorhaben zu konzentrieren. Wie kommt das; wie funktioniert überhaupt unsere Aufmerksamkeit?

Wir Menschen ändern alle 125 bis 250 Millisekunden unsere Aufmerksamkeit von hochfokussiert zu unfokussiert und wieder zurück. Das haben Wissenschaftlerinnen der Princeton University herausgefunden.[16] Das Überraschende daran: Dieser scheinbar schwankende Aufmerksamkeitsrhythmus ist offenbar ganz normal für unser Gehirn. Im zugrunde liegenden Experiment wurde die Aufmerksamkeit der Versuchsperson auf einem Computerbildschirm gebunden. Nach unbestimmter Zeit erschien dort ein schwacher Lichtreiz. Messungen der Wissenschaftler*innen ergaben, dass ca. 500 Millisekunden nach Auftreten des Reizes die Aufmerksamkeit ihren Höhepunkt erreicht. Zu diesem Zeitpunkt können wir uns also sehr gut auf einen äußeren Reiz fokussieren. Schon nach 130 weiteren Millisekunden sinkt die Aufmerksamkeit um zehn Prozent.

Das bedeutet, dein Aufmerksamkeitsrhythmus ist kein Willensakt, den du steuern kannst. Die Studie zeigt das Gegenteil: Der

Aufmerksamkeit liegen automatische Prozesse zugrunde, so wie bei antrainierten Handlungsabläufen und Gewohnheiten. Natürlich ist es möglich, deine Aufmerksamkeit auf etwas Bestimmtes zu richten, auf den Bildschirm oder das Smartphone z. B. Aber was dann im Gehirn abläuft, passiert unbewusst. Das klingt zunächst vielleicht überraschend oder unglaubwürdig. Denn wenn du einen Film guckst oder ein Buch liest, konzentrierst du dich schließlich stundenlang. Es gibt also einen Unterschied zwischen den Aufmerksamkeits*rhythmen*, die mit der Studie erforscht wurden, und der generellen Aufmerksamkeits*spanne*, die die Konzentration über einen längeren Zeitraum beschreibt. Du kannst über Stunden dieses Buch lesen, obwohl im Hintergrund der rhythmische Automatismus abläuft.

In der Forschung geht man davon aus, dass dieser ständige Fokuswechsel im Hintergrund eine Strategie des Gehirns ist. Wenn deine Aufmerksamkeit auf dem Höhepunkt ist, lässt du dich nicht so leicht ablenken. In diesen Sekundenbruchteilen sind deine Sinne messerscharf. Du kannst Geräusche oder Gerüche besonders gut wahrnehmen. Oder deine Augen fokussieren genau einen Punkt. Aber eben nur für Sekundenbruchteile. Dieser schnelle Wechsel, dieses Rein- und Rauszoomen im Aufmerksamkeitsrhythmus ist der Vorteil an dieser Strategie des Gehirns. Für unsere Vorfahren dürfte er sehr wichtig gewesen sein. In der Umgebung lauernde Gefahren konnten so wahrscheinlich frühzeitig erkannt werden, auch wenn der Jäger oder die Sammlerin gerade auf eine Beute oder eine Frucht im Baum konzentriert war.

Die ständige Umfokussierung des Gehirns ist ein uralter Mechanismus, der evolutionär erhalten geblieben ist.

Fest steht auch: Aufmerksamkeit ist wichtig, um Informationen bewusst aufzunehmen und zu verarbeiten. Ist deine Aufmerksamkeit durch eine Ablenkung gestört, kostet das Energie und Zeit.

Bei bewussten Denkaufgaben brauchst du nach einer Unterbrechung etwa zehn Minuten, um wieder zur gleichen Produktivität zurückzukommen. Du kennst bestimmt diese Tage, an denen du vor lauter E-Mails, Anrufen, Social Media und lustigen YouTube-Videos kaum noch zum Arbeiten kommst.

Der britische Psychologe Dr. Glenn Wilson zeigte, wie sehr eine Informationsflut etwa durch E-Mails die Leistungsfähigkeit der Empfänger beeinflussen kann. Heraus kam: Technologische Ablenkung lässt den IQ-Durchschnittswert um zehn Punkte sinken.[17] Prof. Gloria Mark von der University of California ermittelte gar, dass sich ein Büroarbeiter nach jeder Unterbrechung im Durchschnitt mindestens zwei anderen Aufgaben zuwendet, bevor er – etwa 25 Minuten später (!) – zu seiner ursprünglichen Tätigkeit zurückkehrt.[18] Bist du also nach einer Ablenkung irgendwann mit deiner Konzentration wieder bei deinem eigentlichen Vorhaben, brauchst du Zeit und Energie, um dich erneut in die Aufgabe hineinzudenken. Das fordert dein Kurzzeit- bzw. Arbeitsgedächtnis heraus. Es arbeitet ähnlich wie der Arbeitsspeicher eines Computers: Informationen kann es sehr schnell verarbeiten, speichert sie aber nicht auf Dauer.

Das bedeutet, wenn du eine Telefonnummer so lange runterbetest, bis du sie schließlich notieren kannst, dann wirst du diese Zahl direkt nach dem Aufschreiben schon wieder vergessen haben. Das Gehirn bildet in solch einem Fall nämlich noch keine Verknüpfungen mit dem Langzeitgedächtnis aus. Solche Mechanismen sind auch beim Lesen oder Kopfrechnen erforderlich. Satzanfänge oder Zwischenergebnisse werden dabei kurz abgespeichert, bis du den gesamten Satzinhalt oder das endgültige Rechenergebnis vollständig erarbeitet hast. Nur durch die grundlegende Fähigkeit des Gehirns, für kurze Zeit Informationen zu speichern, sind Menschen erst in der Lage, Informationen zu verarbeiten und ihre Umwelt zu verstehen. Das kostet das Arbeitsgedächtnis viel Energie. Ablenkungen und Unterbrechungen – wie die verschiedenen Einflüsse und Reize, denen du täglich ausgesetzt bist – können Gedankengänge schon mal ins Wanken, wenn nicht gar zum Einsturz bringen.

Was bedeutet nun all das für dein Vorhaben, unliebsame Gewohnheiten abzulegen? Um fokussiert zu bleiben, dein Ziel im Blick zu behalten und Frustrationen zu vermeiden, gilt es, Ablenkungen aus dem Weg zu gehen. Denn Ablenkungen halten dich davon ab, das zu erreichen, was du erreichen willst! Für den Umgang mit ihnen gibt es verschiedene Tricks, die ich dir jetzt vorstelle. Probiere sie aus.

Vermeide Multitasking

Das Gehirn kann zwar mehrere Dinge gleichzeitig, aber nur, wenn es sich um automatische Prozesse handelt. Du kannst morgens deine Zähne putzen und währenddessen überlegen, was du anziehst. Du kannst Auto fahren und dabei Radio hören. Aber zu komplexe Nebentätigkeiten lenken ab. Du kannst keinen längeren Text schreiben, während du telefonierst. Konzentriere dich auf eine Sache.

Verzichte auf ständige Erreichbarkeit

Schalte Benachrichtigungen, Alarme und Push-Meldungen ab. Versuche stattdessen, gezielt zu einem festgelegten Zeitpunkt alles für dich Wichtige zu checken. Wenn dir das besonders schwerfällt, probiere besser noch den Flugmodus deines Smartphones aus oder lege es an einen Ort, wo es dir Mühe macht, es wieder hervorzuholen.

Blockiere Internetseiten

Es gibt Plug-Ins, mit denen du Internetseiten für eine bestimmte Zeit blockieren kannst. Das ist besonders nützlich, wenn du dir abgewöhnen möchtest, ständig auf Facebook, Twitter, Instagram, Pinterest & Co. abzuhängen. Wenn du doch etwas nachschauen musst, mach dir noch mal bewusst, was genau du auf dieser oder jener Seite tun willst. Hast du es erledigt, schließe die Seite wieder.

Vermeide Vermeidung

Unnötiges Aufschieben oder Vertagen ist nicht zielführend. Es kann dir zwar helfen, dich kurzfristig gut zu fühlen – doch Verantwortung zu vermeiden bringt auf Dauer selten Erleichterung. Wenn du dir bewusst machst, dass du niemals etwas erreichst, wenn du nicht anfängst, schwindet auch die Verlockung, Dinge aufzuschieben. Frage dich also: Warum nicht gleich? Übe Achtsamkeit, was deine Ausreden angeht und hinterfrage sie. Extremes Aufschieben, die Prokrastination, gilt übrigens als ein Symptom einer psychischen Störung, unter der Betroffene meist dauerhaft leiden.

Nutze To-do-Listen

Notiere dir abends drei kleine Aufgaben, die du am nächsten Tag erledigen willst. Zum Beispiel kleine Ideen, wie du eine unliebsame Gewohnheit umgehen kannst. Stelle die wichtigste Aufgabe an den Anfang deiner Liste. Dein Unterbewusstsein kann dann schon mal vorarbeiten, während du schläfst. Am nächsten Tag arbeitest du deine Aufgaben ab. Und zwar ohne Umschweife.

Probiere die Zwei-Minuten-Regel

Schiebe kleine, aber wichtige Aufgaben nicht ständig auf. Erledige sie nicht später, sondern gleich! Frei nach dem Motto »Was du heute kannst besorgen, das verschiebe nicht auf morgen«. Alles, was du innerhalb von zwei Minuten oder weniger schaffst, erledige sofort. Die Zwei-Minuten-Regel geht übrigens auf den US-Autor David Allen zurück, einen Experten für Selbstmanagement. Sie ist Bestandteil seines Bestsellers *Wie ich die Dinge geregelt kriege. Selbstmanagement für den Alltag.*

Übe die Pomodoro-Technik

Diese Methode des Zeitmanagements wurde in den 1980er-Jahren entwickelt und hat ihren Namen von einem Küchenwecker, der aussieht wie eine Tomate. Stelle dir einen Timer auf 25 Minuten (egal, ob Tomaten-Küchenwecker oder Handy). In dieser Zeit fokussierst du dich voll und ganz auf deine Aufgabe und machst anschließend eine kleine Pause. Spätestens nach vier »pomodori« gönn dir eine längere Unterbrechung (15 bis 20 Minuten). So trainierst du, deine Konzentration über 25 Minuten aufrechtzuerhalten. Für Fortgeschrittene: Sobald du dich ablenken lässt, stell den Timer erneut auf 25 Minuten.

Nimm Ablenkungen bewusst wahr

Sobald du merkst, dass du von deinem Ziel oder deiner Aufgabe abgekommen bist, mach es dir bewusst. Zum Beispiel, wenn du dir abgewöhnen willst ständig dein Handy zur Hand zu nehmen, obwohl es eigentlich gerade keinen Grund dafür gibt. Halte inne und unterbinde die Ablenkung. Dabei hilft es, eine Phrase wie »Dies ist nicht, was ich tun muss. Dies ist nicht, was ich tun will«

zu wiederholen. Lerne, zu erkennen, wann und wodurch du abgelenkt wirst. Das Gehirn ist gut ausgestattet, um kleinere, weniger aufdringliche Ablenkungen zu ignorieren.

Schaffe eine reizarme Umgebung

Begib dich in eine Atmosphäre, in der dir deine Aufgabe leichterfällt. Wenn du fasten möchtest, solltest du dich nicht mit deinen Freunden zu einem Fünf-Gänge-Menü treffen! Wenn du große Projekte hast, die deine Aufmerksamkeit erfordern, halte dich irgendwo auf, wo dich niemand aus deiner Konzentration reißt. Tipp: Kopfhörer schirmen dich ab und lassen dich beschäftigt erscheinen. Das schreckt Leute davon ab, dich zu unterbrechen (selbst wenn du gar keine Musik hörst).

Viele dieser Tipps helfen vor allem gegen Ablenkungen bei der Arbeit. Im oft stressigen Berufsalltag ist es aber sogar möglich, auch ohne allzu große Willenskraft Ablenkungen zu vermeiden – nämlich dann, wenn dir eine Aufgabe so viel Freude bereitet, dass du völlig in deiner Tätigkeit versinkst. Dann spricht man in der Psychologie vom sogenannten »Flow-Erlebnis«. Auf Deutsch: Schaffens- oder Tätigkeitsrausch. So ein Gefühl kannst du auch erreichen, wenn du nach den ersten kleinen Erfolgserlebnissen Spaß an der Veränderung deiner Routinen gefunden hast!

Atme tief durch und entdecke, wie sich deine innere Haltung verändert

(Dauer: ca. fünf Minuten)

Der Atem und vor allem richtiges Atmen ist die Basis, um achtsam durch dein Leben zu gehen. Auf unseren Atem können wir uns verlassen, wenn wir ihm Beachtung schenken. Aus diesem Grund kommt jetzt eine Übung, mit der du deinem Atem gezielt Aufmerksamkeit schenken kannst. Bei regelmäßiger Übung wirst du sehr viel schneller als bisher in einen achtsamen und gelassenen Zustand kommen.

Diese Achtsamkeitsübung dient zur Erfrischung für zwischendurch, und du kannst sie gut mit einer/einem Freund*in, Bekannten, Partner*in, Kollegen*in zusammen machen. Leitet euch gegenseitig an, indem ihr euch die Anleitung nacheinander vorlest. Wenn du alleine übst, kannst du dich mit deinem Handy aufnehmen und die Sprachaufzeichnung anschließend abspielen.

»Leg dich auf den Rücken oder setz dich bequem auf einen Stuhl oder Sessel. Atme gleichmäßig und sanft. Richte deine Aufmerksamkeit auf die Bewegungen deines Bauches. Spüre, wie sich deine Bauchdecke beim Einatmen hebt und dem unteren Teil deiner Lunge Platz verschafft. Atme bis in die Lungenspitzen.

Nimm wahr, wie sich auch dein Brustkorb weitet. Beim Ausatmen beginnt deine Bauchdecke wieder zu sinken. Atme vollständig aus. Beobachte, wie die Ausatmung länger wird als die Einatmung. Streng dich dabei nicht an – das passiert alles von ganz alleine. Nimm es einfach nur wahr und lass deinen Atem fließen.«

Wiederhole diese Übung für zehn Atemzüge.

Neue Gewohnheiten brauchen etwas Zeit: Wann sind wir da?

»Waahaann sind wir endlich daahaa?« So hast du früher als Kind vielleicht selbst quengelnd auf dem Rücksitz im Auto deiner Eltern gesessen. Und diese Frage ist berechtigt. In Bezug auf deine neuen, erwünschten Gewohnheiten gibt es auf diese Frage aber leider nicht *die* Antwort. Wie lange es dauert, bis eine neue Gewohnheit zur Routine wird oder du dich wirklich von einer alten Gewohnheit verabschieden kannst, hängt von sehr vielen Faktoren ab. Jeder Mensch ist anders. Deswegen sind auch Gewohnheiten und Routinen verschieden. Du bist einzigartig. Und damit auch deine Gewohnheiten, Routinen, Marotten, Verhaltensweisen und Denk- oder Handlungsmuster. So viel vorweg: Es gibt verschiedene Annahmen, wie lange Gewöhnung dauert – aber diese Angaben sind alle nicht wissenschaftlich genau belegt.

21 Tage, 30 Tage, 66 Tage?!?
Feste Zeiträume gibt es nicht.

Der US-amerikanische Chirurg Dr. Maxwell Maltz z. B. entdeckte in den 50er-Jahren, dass seine Patient*innen mindestens 21 Tage brauchten, um sich an die Veränderung nach einer plastischen Operation zu gewöhnen. Wenn Dr. Maltz z. B. eine Nasen-OP durchgeführt hatte, beobachtete er, dass der Patient oder die Patientin drei Wochen brauchte, um sein/ihr Gesicht im Spiegelbild nicht als ungewohnt zu empfinden. Gut, nun kann man eine Verhaltensänderung vielleicht nicht unbedingt mit einer radikalen optischen Veränderung vergleichen, an die man sich nach einer plastischen OP gewöhnen muss. Aber diese Erfahrungen veranlassten Dr. Maltz dazu, darüber nachzudenken, wie lange er selbst benötigte, um sich an Veränderungen und neue Verhaltensweisen anzupassen. Und prompt bemerkte er: Es waren ebenfalls mindestens drei Wochen. Maltz war der Meinung, dass dies zeige, dass es mindestens 21 Tage dauert, bis sich ein altes geistiges Bild auflöst und ein neues Bild entsteht. So beschreibt er es in seinem Buch *Erfolg kommt nicht von ungefähr*, das mit über 30 Millionen verkauften Exemplaren zum Bestseller wurde. Fortan war diese magische Zahl »21 Tage« für viele gesetzt. Es klingt ja auch gut. Der Zeitraum ist kurz genug, eine Veränderung anpacken zu wollen, und gerade lang genug, als dass es plausibel erscheint, die Veränderung in diesen drei Wochen auch tatsächlich zu schaffen. Eine andere magische Zahl, die immer wieder auftaucht, sind 30 Tage. Ein Monat klingt schließlich nach einer runden Angelegenheit. Allerdings gibt es auch dafür keine statistischen Beweise.

Und ist das vielleicht nicht immer noch ein bisschen kurz? Was ist, wenn du langsam bist und viele Wiederholungen brauchst, um dich an etwas zu gewöhnen? Wie wäre es denn dann mit 66 Tagen? Diese Zahl stammt aus einer Studie des University College London. Die Gesundheitspsychologin Phillippa Lally untersuchte mit ihrem Team in einer Studie, wie lange es dauert, eine neue Gewohnheit zu etablieren.[19] Die 96 Teilnehmer*innen übten z. B., eine Flasche Wasser zu Mittag zu trinken oder vor dem Essen 15 Minuten laufen zu gehen. Zwölf Wochen lang wurden sie täglich befragt, ob sie ihr Vorhaben in die Tat umgesetzt hatten und wie automatisch sich diese Gewohnheit anfühlte. Herauskam, dass die Probanden und Probandinnen zwischen 18 und 254 Tagen brauchten, um sich ein neues Verhalten anzugewöhnen. Die 66 Tage sind also nur ein Mittelwert.

Bleibt also die Frage: Wie lange dauert es denn nun wirklich, bis neue Gewohnheiten gefestigt sind? Die Wahrheit liegt irgendwo zwischen 21 Tagen und mehreren Jahren. Aber das sollte dich nicht abschrecken, denn die Studie des University College London zeigt auch: Es ist möglich, sein Verhalten zu ändern, sogar dann, wenn die Teilnehmer*innen hin und wieder fünf gerade sein ließen. Eine vertane Chance, eine verpasste Gelegenheit, das neue Verhalten zu praktizieren, hatte keinen wesentlichen Einfluss auf den Prozess der Gewohnheitsbildung. Mit anderen Worten: Auch wenn du hin und wieder in alte Muster verfällst – bessere Gewohnheiten aufzubauen ist kein Alles-oder-Nichts-Prozess. Du hast jedes Mal aufs Neue die Chance, eine Entscheidung zu treffen und weiterzumachen. Auch ein scheinbar langer Zeitraum von drei Monaten ist kein Grund zu verzagen. Denn allein, dass es auch mal etwas länger dauern kann, macht klar, dass es sich bei einer Verhaltensänderung um einen Prozess handelt. Mach dir bewusst, dass es eine Leistung ist, diesen Prozess durchzustehen! Übrigens: Bei Essgewohnheiten gehen Wissenschaftler sogar davon aus, dass es mindestens drei Jahre dauert, bis ein neues Essverhalten stabil ist.[20]

Bei der Frage, wie lange es dauert, bis du deine gewünschte Veränderung erreicht hast und nicht mehr so schnell Gefahr läufst, »rückfällig« zu werden, ist es hilfreich, zu wissen, wovon es abhängt, wie schnell oder langsam eine Veränderung etabliert wird. Dabei spielen natürlich die jeweilige Gewohnheit, aber auch die äußeren Umstände und nicht zuletzt du selbst eine wichtige Rolle! Im Folgenden lernst du ein paar Aspekte kennen, von denen es abhängt, wie viel Zeit eine Verhaltensänderung braucht.

Die Dauer der Verhaltensänderung hängt von der Stärke der Gewohnheit ab.

Wir sind Gewohnheiten – wie der Name schon sagt – gewöhnt. Und das meist über Jahre. Wenn du z. B. schon seit deiner Kindheit an den Nägeln kaust, konnte sich diese Gewohnheit über Jahrzehnte etablieren. Sie hat sich in dein Verhalten eingebrannt. Die entsprechenden Nervenbahnen im Gehirn sind also besonders gefestigt. Darum braucht es länger, sie durch neue »Nervenautobahnen« zu ersetzen.

Einfachere Gewohnheiten trainierst du schneller an/ab als komplexere.

Es wird dir leichterfallen, täglich zum Abendessen ein Glas Wasser zu trinken oder nach dem Essen den Abwasch sofort zu erledigen, als regelmäßig Sport zu treiben oder auf Süßigkeiten zu verzichten.

Alte Gewohnheiten abzulegen ist schwieriger, als sich neue anzueignen.

Wie du im Abschnitt »Aller Anfang …: Neue Verhaltensweisen zur Gewohnheit machen« gelernt hast, ist es leichter, eine alte Gewohnheit zu überwinden, wenn du sie durch eine andere Gewohnheit ersetzt. Eine unliebsame Gewohnheit dagegen einfach ersatzlos zu streichen, kostet Energie, weil das Gehirn Routinen liebt.

Willenskraft, Disziplin und Selbstkontrolle bringen dich schneller ans Ziel.

Gewohnheiten sind kein Ponyhof. Wenn die Sache mit den Gewohnheiten so einfach wäre, gäbe es dieses Buch nicht. Man spricht nicht umsonst von der »Macht der Gewohnheit«. Je stärker dein Wille, je stärker du dich disziplinierst und immer wieder achtsam deine Routinen hinterfragst, desto eher siehst du Erfolge. Aber: Es geht hier nicht um Selbstgeißelung. Veränderung macht Spaß. Wenn du das für dich entdeckst, ist das mit der Disziplin gar nicht mehr so schwierig.

Je größer deine Motivation, desto schneller kann sich neues Verhalten etablieren.

Um etwas zu erreichen, musst du dir darüber klar werden, was du überhaupt willst und was dich hindert. Je klarer dein Ziel ist, desto besser! Bevor du aber ein konkretes Ziel ins Auge fasst, muss eine Motivation da sein – ein Grund, warum du dieses oder jenes Ziel erreichen möchtest. Oft führen konkrete Auslöser wie etwa einschneidende Lebensereignisse dazu, etwas ändern zu wollen (mehr zu dem Thema findest du im Abschnitt »Von der Motivation zum Plan: Was du wirklich willst und was dich hindert«). Eine Krebsdiagnose löst natürlich eine stärkere Motivation aus, mit dem Rauchen aufzuhören, als ein in einer Sektlaune gefasster Neujahrsvorsatz.

Leidensdruck beschleunigt Veränderung.

Niemand möchte Schmerz und Leid erfahren. Aber ist der Leidensdruck erst einmal gegeben, siehst du viel schneller Handlungsbedarf. Menschen ändern sich oft erst, wenn der Druck zu groß wird. Je höher der Leidensdruck ist und je geringer deine Leidensfähigkeit, umso schneller geht eine Verhaltensänderung vonstatten.

Planlosigkeit bremst Veränderung.

Sind dir deine Motivation, dein Ziel und der Weg dorthin noch nicht ganz klar, wird dir die Veränderung schwererfallen, als wenn du eine klare Struktur verfolgst. Vorbereitung ist die halbe Miete. Du kannst ein konkretes Ziel formulieren, überlegen, warum und wie du es erreichen willst und deinen Freund*innen und Bekannten davon erzählen. So musst du weniger Rückschläge in Kauf nehmen und deine geplante Verhaltensänderung hat schneller Erfolg als ein spontan gefasster Entschluss.

Kommen wir noch mal zu den quengelnden Kindern auf dem Rücksitz zurück, die ungeduldig fragen »Wann sind wir da?«. Auch wir Erwachsene spüren diese kindliche Ungeduld. Oft wollen wir unsere Wünsche und Vorstellungen unmittelbar erfüllt bekommen. Also am besten gestern. Eher ungeduldige Menschen ärgert es, wenn etwas nicht sofort klappt. Sie reagieren gereizt und neigen dann zu impulsiven Entscheidungen. Vielleicht kennst du das Gefühl, wenn du in der Schlange vor der Supermarktkasse stehst. Gerade dann, wenn du es besonders eilig hast, geht nichts voran. In solchen Momenten ist deine gesamte Aufmerksamkeit darauf ausgerichtet, das Ziel, also die Kasse zu erreichen. Nichts anderes spielt mehr eine Rolle. Ungeduld ist purer Stress im Kopf. Schuld ist das Gehirn. Wenn es nach deinem Gehirn ginge, wäre jede Situation pure Wellness. Es strebt nämlich permanent nach Belohnung, Spaß und positiven Gefühlen. Nur leider sind die in Warteschlangen oder im Stau spärlich gesät.

Ungeduld spielt auch bei geplanten Verhaltensänderungen eine nicht zu verachtende Rolle. Denn ungeduldig zu sein verzerrt oft die Zeitwahrnehmung und kann die Entscheidungen im Hinblick auf dein Ziel beeinflussen. Sparst du für die Weltreise oder planst du nur ein Wellnesswochenende? Haben wir die Wahl zwischen einer kleinen, kurzfristigen Belohnung und einer großen, zukünftigen Belohnung, wählen wir häufig die kurzfristige. Das haben Forscher*innen des Max-Planck-Instituts für Bildungsforschung herausgefunden.[21] Demnach verzerren die durch die Belohnungen ausgelösten positiven Emotionen unsere Wahrnehmung für zukünftige Zeitspannen und verstärken dadurch unsere Ungeduld. Aber ähnlich wie neue Gewohnheiten kannst du dir auch Geduld antrainieren. Übe dich in Geduld, wenn hier und da das hibbelige Kleinkind in dir hervorbricht, weil z. B. eine alte Verhaltensweise von dir aufploppt! Auch bei Ungeduld helfen kleine Schritte.

- Richte deine Achtsamkeit auf kleine Fortschritte.
- Gönn dir Auszeiten, wenn eine Aufgabe nicht sofort gelingt.
- Versuche, andere Lösungswege zu finden.
- Schaffe Ablenkungen gegen die Ungeduld.

Manchmal ist es schon Ablenkung genug, mit einem Kugelschreiber oder irgendeinem gerade greifbaren Gegenstand zu spielen – ob es das Handy ist, deine Halskette oder einfach dein Ohrläppchen. Solange du nicht anfängst, in der Nase zu bohren, ist alles gut. Diese Aufmerksamkeitsumlenkung funktioniert übrigens auch, wenn du gerade nichts hast, womit du rumspielen kannst. Dann konzentriere dich einfach auf deine Atmung und spiele mit deinem Ein- und Ausatmen. Zähle z. B. die Länge deiner Atemzüge. Das aktiviert den Parasympathikus, wodurch du dich wieder entspannst und die Ungeduld nachlässt.

Und was die Supermarktkasse angeht: Es stimmt natürlich nicht, dass es an anderen Kassen immer schneller geht. Du nimmst es nur so wahr. Denn dein Gehirn gaukelt dir aufgrund seiner neurologischen Strukturen dieses negative Bild vor. In der Kognitionspsychologie spricht man vom »Bestätigungsirrtum«. Dieser Begriff beschreibt die Neigung, Informationen so zu interpretieren, dass sie die eigenen Erwartungen bestätigen. Die reibungslosen Einkaufstouren bleiben dir demnach nicht so im Gedächtnis wie die zwei von zehn Malen, bei denen du ewig in der Schlange standest.

Vom Supermarkt zurück zu deinem Ziel. Letzten Endes kommt es doch nicht darauf an, wie lange du für dein Vorhaben brauchst. Hauptsache, du bist am Ende glücklich – ob es nun 21 oder 500 Tage gedauert hat. Das sagt auch *Atomic Habits*-Autor James Clear und rät, sich auf das Vorhaben zu konzentrieren statt auf die Zahl, denn beginnen musst du immer mit Tag eins.

Denn wie du inzwischen gelernt hast, ist Erfolg das Produkt täglicher Gewohnheiten, nicht einmaligen Produktivseins. Wiederholung ist Macht. Durch Wiederholung veränderst du neue Gewohnheiten. Wiederhole also neue Verhaltensweisen so oft wie möglich und immer wieder. Denn nicht der Wille ist der Chef in deinem

Gehirn, sondern deine Routinen. Darum verselbstständigen sich manche Handlungen, ob du willst oder nicht. Das neuronale Netz wird mit jeder Wiederholung gestärkt. Gewohnheiten sind stoffwechselbiologisch und neuronal »billig«. Automatismen sparen dem Gehirn Energie. Es bleibt dann weiterhin fähig, andere Aufgaben für dich zu erfüllen. Dein Gehirn belohnt dich sogar dafür, wenn du handelst wie gewohnt. Vermeide beim Einüben neuer Gewohnheiten Ablenkungen und lass dich von Rückschlägen nicht entmutigen. Veränderung passiert nicht linear. Feste Zeiträume, bis neue Gewohnheiten gefestigt sind, gibt es nicht. Bis dahin gilt also: Möge die Macht der Wiederholung mit dir sein!

Nützliche Gewohnheiten ... eine Liste zum Ergänzen und Individualisieren

Hier findest du eine Liste mit nützlichen Gewohnheiten – ich habe sie hier absichtlich allgemein gehalten, damit du dich inspirieren lassen und sie mit deinen eigenen Bedürfnissen füllen kannst. Am besten hast du diese Liste immer griffbereit – das gibt dir die Möglichkeit, jederzeit zu üben, zu wiederholen, achtsam zu sein, dich aufs Wesentliche zu konzentrieren und dadurch zufrieden und gelassen durchs Leben zu gehen.

Nützliche Gewohnheiten:

- Bewegen (Treppen laufen, einen Umweg gehen ...)
- Sport treiben
- Öfter lächeln
- Positiv denken
- Meditation – Zurückkehren ins »Hier und Jetzt«
- Täglich eine gute Tat tun

- Einen fremden Menschen anlächeln
- Ernst gemeinte Komplimente machen
- Einmal trotzdem Ja sagen
- Nein sagen
- Die leistungsfähigste Tageszeit identifizieren und damit planen
- Täglich Obst essen
- Täglich zwei bis drei Liter Wasser trinken
- Jeden Tag etwas fasten (negative Bewertungen, Jammern …)
- Früher aufstehen
- Ordnung halten
- Die Zahnbürste mit der anderen Hand halten
- Bewusst duschen
- Sich kalt abduschen
- Ein Glas warmes Wasser morgens
- »Ordentlich« frühstücken
- Täglich mehrfach dehnen
- Achtsam/bewusst essen
- Kein Essen nach 18.00 Uhr
- Den Tag planen/durchdenken
- Alle 60 Minuten für eine Minute innehalten und reflektieren, was du in der letzten Stunde getan hast
- Nicht kritisieren
- Bewusst pausieren
- Bewusst atmen
- »Richtig« gehen, stehen, sitzen
- Bewusste Hausarbeit
- Schlafhygiene beachten
- Tagebuch führen
- Rituale überlegen

Achtsamkeitsübung gegen Ungeduld

(Dauer: ca. drei Minuten)

Das ist eine kleine Notfallübung: Wenn du an der Kasse oder im Stau stehst, in der Warteschleife hängst oder dich irgendwer oder irgendetwas auf deinem Weg zum Ziel hindert, solltest du Folgendes tun:

- Frage dich zuallererst, ob es sinnvoll ist, jetzt wütend, genervt oder sogar aggressiv zu werden. Diese Emotionen sind in dir und ändern die äußere Situation nicht. Eine logische Schlussfolgerung wäre, sich eine Alternative zu diesen Gefühlen zu suchen. Hast du vielleicht noch etwas zu planen? Kannst du die Wartezeit sinnvoll für andere Erledigungen nutzen?
- Richte deine Aufmerksamkeit auf deinen Atem. Nutze die Zeit, um endlich mal tief durchzuatmen, dich zu strecken.
- Nimm dir ein Bonbon, Kaugummi, ein Obst oder was du zur Hand hast, und schmecke, fühle, rieche achtsam.
- Wenn es tatsächlich länger dauern sollte, mache eine kleine Gedankenreise an deinen Lieblingsort. Wie sieht es dort aus, wie ist das Wetter, was spürst du?
- Wenn viele Menschen um dich herum sind, achte auf ihre Gesichtsausdrücke. Reagieren sie auf Lächeln? Kannst du nonverbal kommunizieren?

Kapitel 6: Der vierte Schritt zu besseren Gewohnheiten – Belohnung

In diesem Kapitel erkläre ich dir, wie du deine neuen Gewohnheiten weiter festigst, damit sie dir möglichst bald nicht mehr schwerfallen. Dies funktioniert zum einen durch die bereits beschriebene Wiederholung und im nächsten Schritt durch Belohnung. Denn so arbeitet auch dein Gehirn: mit einem ausgeklügelten Belohnungssystem.

Die Prinzipien dieses neuronalen Belohnungssystems kannst du dir bewusst zunutze machen. Es geht schlicht darum, dir hin und wieder ein »Zückerchen« zu gönnen, wenn du dich an deine guten Vorsätze gehalten hast. So erhältst du deine Motivation aufrecht, die dir dabei hilft, neue Gewohnheiten und Verhaltensweisen zu etablieren. Deine Motivation hat einen großen Einfluss darauf, wie gut dir das gelingt. Das Glücksgefühl, das du durch eine Belohnung empfindest, erhöht die Wahrscheinlichkeit, dass du ein Verhalten wiederholst und es sich einspielt.

Trotzdem wird es immer mal wieder vorkommen, dass du durch Stress oder Leistungsdruck und trotz großer Motivation Probleme hast, deine Vorsätze in die Tat umzusetzen. Wenn du dir beispielsweise vorgenommen hast, deine Essgewohnheiten zu ändern, lauern quasi an jeder Straßenecke Versuchungen, Verlockungen und Ablenkungen. Aber auch deine Impulse kannst du steuern. In diesem Kapitel lernst du unter anderem:

- warum Belohnungen wichtig sind und du dir nicht alles verbieten solltest,
- wann du dich belohnen solltest und wann nicht,
- wie du dich belohnen kannst,
- welche Rolle Belohnungen für deine Motivation spielen,
- was du gegen Verlockungen und Rückfälle unternehmen kannst,
- wie dir Entscheidungen dabei helfen, dich zu disziplinieren.

Belohnungen sollen keine Kompensation für Stress oder Frustration sein. Vielmehr solltest du dich ab jetzt selbst für die kleinsten Fortschritte belohnen. Denn selbst kleine Fortschritte machen dich in der Summe langfristig zufriedener und glücklicher. Arbeite also nicht für eine Belohnung, sondern für mehr Zufriedenheit. Das macht dich auf Dauer glücklicher, als kurzfristigen Erfolgen nachzujagen.

Ein Löffelchen voll Zucker: Wie das Gehirn belohnt

Ohne Dope ist alles doof. So heißt es verkürzt in Rainer Biesingers Buch *Ohne Dop(amin)e ist alles doof – Dopamin und das Belohnungssystem*. Und genauso denkt dein Gehirn. Ziel des Gehirns ist Energiesparen durch Routinen. Wann immer das gelingt, belohnt dich das Gehirn dafür: Es aktiviert sein Belohnungszentrum und sorgt für die Ausschüttung von Endorphinen, im Volksmund Glückshormone genannt. Und das ist ganz schön schlau!

Dein Alltag ist geprägt von Dingen wie Arbeiten, Essen, Schlafen. Hast du dich schon mal gefragt, warum? Warum hängst du nicht einfach den ganzen Tag in der Hängematte ab? Was uns antreibt zu essen, zu trinken oder uns fortzupflanzen, ist unser Gehirn.

Bestimmte Handlungen aktivieren nämlich unser »Lustzentrum«, den Nucleus accumbens tief im Vorderhirn. Dieser Bereich ist Teil des mesolimbischen Systems, unseres Belohnungssystems. Es wird aktiviert, z. B. durch Nahrung, Aktivität oder Sex. Durch Auslösereize wird im Gehirn eine Reaktionskette in Gang gesetzt, bei der schließlich der »Glücksbotenstoff« Dopamin freigesetzt wird. Dopamin gibt unserem Gehirn das Signal, eine Handlung bitte zu wiederholen, weil sie schon einmal zu einer Belohnung geführt hat. Unser Belohnungsgedächtnis erinnert sich bestens daran und reagiert. Außerdem werden Endorphine, also Glückshormone freigesetzt. Wohlbefinden, Motivation oder Glücksgefühle stellen sich ein.

Dieses Glück ist aber nicht mit einem »bequemen« Leben zu verwechseln. Ohne Neugier, ohne Herausforderungen und Anstrengungen ist dein Gehirn unterfordert. Es will lernen, es will reifen und »wachsen«. Darum gilt: Ohne Veränderungen hier und da, ohne erfolgreiche Anpassung an Neues keine Belohnung durch dein Gehirn. Das mesolimbische System belohnt immer dann, wenn du erlerntes Verhalten erfolgreich abrufst. Sobald es aktiviert wird, entwickelst du ein gesteigertes Verlangen. Auf diese Weise wirst du angespornt, bestimmte Dinge ständig zu wiederholen. Das mesolimbische System beeinflusst, welche Dinge mit Bedürfnisbefriedigung und Lust verknüpft sind – welche Dinge du also anstrebst und wiederholst oder eher vermeidest. Vereinfacht gesagt, führt ein Mangel an Belohnung mit Dopamin zu Antriebslosigkeit.

Das Belohnungssystem ist übrigens nicht nur beim Menschen vorhanden. Auch der nur einen Millimeter lange Fadenwurm mit dem wunderschönen Namen Caenorhabditis elegans verfügt darüber. Das Belohnungssystem muss also von großem Nutzen sein, wenn ein so winziges Tierchen einige seiner vergleichsweise wenigen Zellen dafür aufwendet.

Aber wie so oft gibt es auch hier einen Haken. Das Belohnungssystem des Gehirns kann auch hinderlich sein. Nämlich wenn es darum geht, unliebsame Gewohnheiten loszuwerden. Positive Verstärkung durch einen kurzzeitig erhöhten Dopaminspiegel kann Gier, übersteigerte Abenteuerlust und riskantes Verhalten bis hin zur Sucht hervorrufen. Mit Zigaretten, Alkohol oder Drogen kürzt man quasi den Weg zur neuronalen Belohnung ab. Suchtmittel signalisieren dem Gehirn eine Belohnung, indem sie drastisch in die komplexen Mechanismen des Lustzentrums eingreifen. Die Dopamin-Rezeptoren im Nucleus accumbens werden durch Drogen bis zu zehnmal intensiver stimuliert als etwa durch Essen.

Dein Gehirn belohnt dasjenige Verhalten, das du programmiert hast. Wenn du also regelmäßig Alkohol trinkst, um Ängste oder Sorgen zu vergessen, speichert dein Gehirn das als eine etablierte Routine ab. Es verbindet Alkohol dann mit einer Lösung für deine Sorgen und Ängste. Es belohnt dich mit Wohlbefinden. Was die neuronalen Prozesse des Gehirns dabei nicht beachten: Sucht ist die Motivation zu schlechten Zielen. Denn natürlich ist es auf die Dauer nicht gesund, unangenehme Gefühle durch die Einnahme von Suchtmitteln zu vermeiden. Ärger oder Trauer beispielsweise gehören zum Leben dazu.

Laborexperimente mit Ratten und verschiedene Beobachtungen von Tieren in freier Wildbahn haben gezeigt[22], dass der Mensch mit seinem Bedürfnis nach dem nächsten Kick nicht allein ist. Weil das Belohnungssystem auf das Verhalten von Menschen (und Tieren) einen so prägenden Einfluss hat, wurde und wird es intensiv erforscht. Wissenschaftler fanden heraus, dass auch bei der romantischen Liebe das Belohnungssystem im Spiel ist: Beim Anblick eines Fotos des geliebten Menschen wird es aktiviert. Das hat ein Forscherteam der State University of New York gezeigt.[23] Allerdings, so betonen die Wissenschaftler*innen, werden dabei andere neuronale Signalwege aktiviert als etwa beispielsweise beim Geschlechtstrieb. Doch jeder von uns dürfte aus eigener Erfahrung wissen, dass romantische Liebe in gewissem Sinne einer Sucht gleicht. Ein Artikel im *Journal of Neurophysiology* der American Physiological Association beschreibt es ganz unromantisch: Das Gehirn spare durch die Fokussierung auf einen einzigen Partner ganz einfach Energie. Man muss sich nicht ständig nach potenziellen Partner*innen umsehen.[24]

Auch selbstloses Verhalten wird von unserem Gehirn belohnt. Das haben Forscher der Emory University in Atlanta nachgewiesen.[25] Zwei Proband*innen wurden getrennt voneinander eines gemeinsamen Verbrechens beschuldigt. Keine*r wusste, wie der/die andere aussagte. Wenn beide leugneten, bekamen beide eine geringe Strafe. Wenn aber einer die Tat gestand und gegen seinen Mitspieler aussagte, machte er sich zum Kronzeugen und der andere wanderte in den Knast. Die Studie zeigte, dass das Belohnungssystem am stärksten aktiviert wurde, wenn sich die Probanden durch Leugnen der Tat gegenseitig unterstützten. Das Gehirn handelt hier also ein Stück weit altruistisch und belohnt Kooperation.

Du siehst, unser Gehirn verfügt über einen komplexen Belohnungsmechanismus, der durch unterschiedliche Reize ausgelöst wird und uns durch die Ausschüttung von Glückshormonen ein wohliges Gefühl vermittelt. Diesen Zustand versuchen wir – ob bewusst oder unbewusst – möglichst oft zu erreichen. Das mag den Nachteil haben, dass du auch negativen Gelüsten nachgibst. Dieses Belohnungssystem hat aber auch einen Vorteil: Es ruft eine Art Verlangen in dir hervor, das dich auch in schwierigen oder anstrengenden Situationen durchhalten lässt. Wenn du deine Motivation durch kleine Belohnungen aufrechterhältst, kommst du eher ans Ziel. Darum solltest du, um dir genau das zunutze zu machen, die folgende Geschichte mit den Guppys genau durchlesen.

Motivation oder: Die Geschichte von Guppys und Ratten

Sehnsucht! Verlangen! Befriedigung! Klingt das nicht sexy? Du kennst vielleicht das Gefühl bei einer langen Fahrradtour, bei der du überlegst, was du dir danach Schönes zu essen gönnen kannst. Zuerst ist da diese zarte Sehnsucht, doch mit jedem gefahrenen Kilometer wird daraus ein stärkeres Verlangen. Belohnst du dich schließlich etwa mit einem leckeren Stück Kuchen – was für eine Befriedigung!

> ***Das Wechselspiel zwischen Verlangen und Befriedigung hilft, durchzuhalten.***

Es geht schlicht um deine Motivation, die dir dabei hilft, neue Gewohnheiten und Verhaltensweisen zu etablieren und zu festigen. Eine Belohnung fungiert als positiver Verstärker. Ein Glücksgefühl erhöht die Wahrscheinlichkeit, dass du ein Verhalten wiederholst und es sich einspielt.

> ***Motivation ist die treibende Kraft für zielgerichtetes Verhalten.***

Evolutionsbedingt sind z. B. Hunger oder Durst ein Motivator. Das Befriedigen solch grundlegender Bedürfnisse sicherte das Überleben. In der modernen Gesellschaft kommen andere Motivatoren dazu, etwa gesellschaftliche Ziele wie gute Noten, ein guter Abschluss, Erfolg im Beruf. Wir streben nach Anerkennung. Dabei kann ein einfaches »Gut gemacht!« oder ein bestätigendes Schulterklopfen als sozialer Verstärker und damit als Belohnung dienen. Schon kleine anerkennende Gesten motivieren dazu, weiterzumachen.

Was aber sind die neurobiologischen Hintergründe dieses Leistungsstrebens? Es ist mal wieder – Überraschung! – dein neuronales Belohnungssystem im Gehirn. Denn das Gehirn giert nach Belohnung!

Jedes Signal, jeder Reiz, den du aus deiner Umwelt bekommst, hat neben seinem bloßen Informationsgehalt auch eine subjektive, auf deinen Zustand bezogene, motivierende und emotionale Komponente. Eine Ziellinie zu überqueren beinhaltet für dich also nicht nur die Information »Ich bin im Ziel«, sondern kann bei dir auch Emotionen wie Freude und Stolz auslösen. Das Erreichen von Zielen ist deshalb eine wichtige Motivation. Was wiederum Erfolg bedeutet, hängt natürlich von deinen subjektiven Vorstellungen und nicht zuletzt von den gesellschaftlichen Prägungen ab. Aber wie du bereits gelernt hast, sind es viele kleine Schritte, die einen Erfolg ausmachen. Jede erreichte Stufe ist damit ein kleines Zwischenziel und fördert deine Motivation!

Wovon hängt aber die Stärke deiner Motivation ab? Wissenschaftlich gesehen, ist die Definition und Erforschung eines neurobiologischen Motivationskonzepts eine komplizierte Sache. Ich will mal versuchen, das am Beispiel von Fischen zu verdeutlichen: Die Paarungsbereitschaft männlicher Guppys erkennt man an einer besonders intensiven Balzfärbung. Dabei scheinen Guppy-Männchen mit einer geringeren sexuellen Motivation stärkere äußere Reize, z. B. Weibchen mit gespreizten Flossen oder allgemein größere Weibchen zu benötigen, damit ein gleich starkes Balzverhalten auftritt wie bei stärker sexuell motivierten Guppy-Männchen. Wer dazu gerne Genaueres wüsste, kann dies nachlesen in dem Buch *Neurale Grundlagen von Motivation und Emotion* des Neurobiologen Manfred Gahr. Für alle anderen lässt sich in Kürze festhalten: Die beliebten Süßwasserzierfische sind nicht nur schön bunt und scheinen etwas wählerisch zu sein – ihr Balzverhalten zeigt vor allem, dass konstante externe Reize unterschiedlich verarbeitet werden, und zwar jeweils abhängig von der Motivation der Reizempfänger.

Platt gesagt: Auf deine Einstellung kommt es an! Die Motivation hat einen großen Einfluss. Nicht nur im Paarungsverhalten der Guppys, sondern natürlich auch, wenn es für dich darum geht, deine Ziele zu erreichen. Wie motiviert du bist, hängt davon ab, ob dein Ziel, dein Weg, dein Verhalten Aussicht auf Erfolg hat.

Aussicht auf Erfolg erhöht deine Motivation.

Erst ein Anreiz, wie etwa die Aussicht auf Erfolg, motiviert uns, weiterzumachen. Solch ein Anreiz kann bei einer Ratte auf Futtersuche z. B. der Geruch von Futter sein. Für die Einordnung dieser Reize sorgt das mesolimbische System, unser Belohnungssystem also. Dein Gehirn wägt die Erfolgsaussicht ab. Das tut es im orbitofrontalen Cortex. Dieser Bereich in der Großhirnrinde, der sich anatomisch gesehen ungefähr hinter den Augen befindet, spielt eine entscheidende Rolle bei der Entscheidungsfindung.

Je lohnender das Ziel, desto höher die Motivation.

Wenn du das Gefühl hast, für ein besonders lohnenswert erscheinendes Ziel zu arbeiten, strengst du dich automatisch mehr an. Das hat dann wiederum auch einen Einfluss darauf, wie gut du Dinge lernst. Das zeigt eine Studie der Universität Kalifornien.[26] Die Neurowissenschaftlerin Alison Adcock gab zwölf Proband*innen verschiedene Gedächtnisaufgaben, z. B. Bilder zum Einprägen. Für diese Aufgaben wurden unterschiedliche finanzielle Belohnungen in Aussicht gestellt. Am nächsten Tag konnten sich die Teilnehmer*innen eher an solche Bilder erinnern, die fünf Dollar wert waren, als an solche, die nur zehn Cent abwarfen. Der jeweils zu gewinnende Geldbetrag hatte offenbar Einfluss auf das Denkvermögen. Das belegten die Aufnahmen der funktionellen Magnetresonanztomografie, die bei den Probanden gemacht wurden. War der Nucleus accumbens aus dem Belohnungszentrum besonders aktiv, während der Geldwert angezeigt wurde, dann blieb der Versuchsperson auch das dazugehörige Bild später besser im Gedächtnis.

Eine in Aussicht gestellte Belohnung – wie eine Bezahlung – bewirkt auch eine Art Vorfreude, die wiederum die Motivation steigern kann. Sie lässt dich weitermachen, auch wenn du zwischendurch Rückschläge einstecken musst. Auch hierbei sind im mesolimbischen System Neurotransmitter wie Dopamin unterwegs, die zu einer Leistungsbereitschaft führen. Das Durchhaltevermögen, die Stärke der Motivation, ist also eng verbunden mit den neuronalen Schaltkreisen. Setzt man Ratten (die Lieblingstiere der Forschung) in ein Labyrinth mit zwei verschiedenen Gängen – ein Gang mit normaler Nahrung, der andere mit einem Leckerli versehen –, wählen die Ratten bald nur noch den Weg mit dem Leckerbissen. Selbst wenn man den Weg dorthin mit Hindernissen blockiert, versuchen die Tiere weiter diesen Gang – ihr Ziel – zu erreichen. In Studien wurde aber auch gezeigt: Blockiert man mit Neurotoxinen gezielt das Dopaminsystem der Ratten, brechen sie ihre Versuche wesentlich schneller ab. Sie sind dann, ohne Belohnungssystem, also weniger motiviert.[27]

Übrigens: Wenn du dein Ziel erreicht hast, geht auch die Dopaminausschüttung irgendwann wieder zurück. Auch die Opioide, die dich mit einem Glücksgefühl belohnen, wirken nicht lange. Dein Glücksgefühl lässt schließlich nach. Das hat den Vorteil, dass du nicht auf einem Dauer-High festhängst, sondern Platz hast für neue Antriebe. Yippieh!

Falls du diese Achterbahnfahrt in deinem Gehirn schon jetzt kompliziert findest, halt dich fest! Dein Belohnungssystem bleibt nämlich nicht gleich, es wandelt sich im Laufe des Lebens.

In der Pubertät wird besonders viel Dopamin ausgeschüttet, wenn riskante Handlungen wie z. B. Mutproben erfolgreich absolviert werden. Jugendliche sind dadurch motiviert, sich immer wieder auf Risiken einzulassen.

Ein Forscherteam um Adriana Galvan und Jay N. Giedd vermutet als Grund den Umbau des Gehirns in der Pubertät. Offenbar werden dabei wichtige Kontrollmechanismen vorübergehend außer Kraft gesetzt.[28]

Im Alter wiederum wird zwar etwa gleich viel Dopamin ausgeschüttet wie in jüngeren Jahren, aber das Gehirn reagiert darauf weniger intensiv. Das zeigte sich in einer Studie, bei der Proband*innen im Alter von 25 und 65 Jahren in einem Spiel gegeneinander antraten.[29] Ziel war es, eine finanzielle Belohnung zu gewinnen. Dabei kam heraus, dass zwar bei den Versuchspersonen beider Altersgruppen etwa gleich viel Dopamin ausgeschüttet wurde, das Gehirn der 65-Jährigen reagierte darauf aber weniger intensiv als das der 25-Jährigen. Offenbar verliert der Botenstoff im Alter seine Wirkung – was bedeuten würde, dass ältere Menschen möglicherweise weniger Verlangen spüren und positive Erwartungen nicht mehr so intensiv erleben.

Jetzt weißt du, wie Belohnung und Motivation durch chemische Prozesse im Gehirn gesteuert werden. Aber warum ist deine mentale Einstellung so wichtig beim Erreichen deiner Ziele?

Etablierte, trainierte Verhaltensmuster laufen automatisiert ab. Ohne bewusst darüber nachzudenken, kannst du stehen, gehen, rennen. Gerätst du dabei aber unter Leistungsdruck (wie etwa

Profisportler*innen), wird bei der automatisierten Handlung auf einmal doch der Fokus angeknipst. Überlegt ein/e Fußballer*in z. B. eine Sekunde zu lang, ob er/sie mit dem rechten oder linken Fuß kickt, brechen hocheffiziente Bewegungsmuster auf einmal zusammen. Das kann man vergleichen mit einem Blackout in einer Prüfungssituation. Dein Gehirn wird dabei aus seinem Automatismus herausgerissen. Es gerät kurz aus der Bahn. Dieser sogenannte »Leistungsabfall unter Druck« kann ein Elfmeterschießen beim Fußball zu einer kniffligen Angelegenheit machen. Die Nerven liegen blank, wie man im Volksmund sagt. In solchen Situationen gilt ausnahmsweise:

Wer NICHT denkt, ist klar im Vorteil.

Stören kognitive Abläufe wie Nachdenken eine Routinehandlung des Gehirns, kann sich das berühmte, jahrelang antrainierte Gefühl für den Ball, oder die Fähigkeit Spielsituationen, Positionen und Laufrichtungen blitzschnell zu analysieren, auf einmal in Luft auflösen. Dabei findet eine Überaktivierung der linken Gehirnhälfte statt, während die rechte nur noch vermindert arbeitet. Das System wird bis auf den überlebenswichtigen Teil heruntergefahren.

Man spricht auch von der Kampf-oder-Flucht-Reaktion. Diese Stressreaktion ist eine ausgeklügelte Taktik unseres Gehirns. Ohne sie hätte uns der sprichwörtliche Säbelzahntiger im Laufe der Evolution wohl ausgelöscht. Ein kleiner Tipp gegen den Flucht-Reflex: Wenn du stark unter Stress stehst und merkst, dass ein Blackout droht, hilft es, die linke Hand für mindestens 15 Sekunden zur Faust zu ballen.[30] Das reaktiviert die motorischen Zentren des Gehirns. Alpha-Wellen sorgen dann dafür, dass sich im gesamten Gehirn ein Entspannungseffekt ausbreitet. Probiere es mal aus!

Um dem Leistungsabfall unter Druck vorzubeugen, setzen immer mehr Sportler*innen auf Motivationstraining. Das bedeutet aber nicht, dass es ihnen an grundlegender Motivation mangelt. Motivationstraining bedeutet, dass Sportler*innen lernen, z. B. bestimmte Wettkampfsituationen zu visualisieren und sich durch ungünstige äußere Bedingungen nicht aus der Ruhe bringen zu lassen. Das soll sie in die Lage versetzen, auch unter schwierigen Bedingungen ihre Leistung abzurufen. Sie überlassen die Ausführung den eingeübten Handlungsmustern. Sie denken nicht gezielt darüber nach, wie ihr Sport funktioniert oder was sie an der Ausführung hindern könnte.

Solche Strategien helfen natürlich auch dir beim Verfolgen deiner Ziele. Konzentriere dich auf dein Ziel, lass dich nicht ablenken, vergleiche dich nicht: Vertrau auf dein Verhalten – selbst in Situationen, in denen du Fehler machst oder Selbstzweifel hegst. Dennoch kann es hilfreich sein, bei schlechten Bedingungen nicht nur auf deine eigene Leistung zu schauen. Auch andere Menschen haben ähnliche Probleme. Du bist nicht allein.

Im sportpsychologischen Motivationstraining geht es auch darum, negative innere Selbstgespräche zu vermeiden – ein Aspekt, den du beim Einüben neuer Gewohnheiten ebenfalls für dich nutzen kannst. Voraussetzung ist auch hier wieder, dass du dir deiner negativen Selbstgespräche erst einmal bewusst wirst. Anschließend kannst du es dann stattdessen mal mit positiven, optimistischen Motivationssprüchen versuchen. Feuere dich selbst an, sei dein eigener Cheerleader, anstatt dich selbst schlecht zu machen!

Mit einer ausreichenden Portion Motivation kannst du mit der eigentlichen Arbeit weitermachen – mit der Umsetzung deines Ziels. Wie du bereits gelernt hast, hilft dabei, dein großes Ziel in kleinere Ziele zu untergliedern und in Etappen zu denken. Mach dir Pläne, mit denen deine Meilensteine und dein eigener Fortschritt messbar werden. So kannst du dich selbst testen und bleibst motiviert. Das Belohnungssystem deines Gehirns hilft dir dabei.

So festigst du deine Verhaltensweisen …

… durch Belohnen und Motivieren. Im Kindergarten und in der Grundschule wurden wir durch Smileys, Aufkleber oder Stempel unter gemachten Hausaufgaben belohnt – wir wurden positiv darin bestärkt, unsere Aufgaben zu erfüllen. Das gilt nach wie vor: Je mehr »Sternchen« wir sammeln, desto größer die Wahrscheinlichkeit, ein Verhalten zu wiederholen – unsere Hausaufgaben nicht nur einmal, sondern regelmäßig zu machen.

Wenn du dich heute also beispielsweise daran gewöhnen möchtest, morgens zuerst ein Glas Wasser zu trinken, zu meditieren oder drei Songs zu hören, die dich motiviert in den Tag starten lassen – noch bevor du dein Handy einschaltest –, belohne dich, wann immer du einen Erfolg verzeichnest!

Hast du es geschafft, die letzten drei Tage nach dem Aufstehen nicht als Erstes das Handy zu benutzen, mach dir diesen Erfolg sichtbar! Gratuliere dir selbst, verleihe dir jeweils selbst drei Sterne und schreibe deine Erfolge ins Notizbuch. Dann ist es wahrscheinlicher, dass du auch am folgenden Morgen auf das Handy verzichtest und es erst einschaltest, wenn du auch wirklich bereit dazu bist.

Zur Unterstützung klebe dir ein Post-it auf dein Handy, das dich daran erinnert, was du dir vorgenommen hast. Oder du kannst dir zum Beispiel eine Notiz anlegen und deine Erfolge in deinem Notizbuch notieren. Überlege dir: Wie belohnst du dich nach fünf Sternen, nach zehn, 20 und vielleicht sogar 50? Gönn dir etwas Außergewöhnliches, verwöhn dich und klopf dir selbst mit Stolz auf die Schulter, dass du so viele Schritte gegangen bist und eine neue Verhaltensweise gefestigt hast.

Es gibt übrigens immer wieder neue und gute Apps, die dich daran erinnern, jetzt eine neue, gute Gewohnheit anzuwenden, und es dir möglich machen, deine Gewohnheiten und Erfolge zu notieren – schau doch mal in deinem App Store nach.

Von Disziplin bis Kontrolle: Wie es gelingt, dranzubleiben

Du nimmst dir etwas vor und ziehst es durch. So funktioniert »Dranbleiben«. Punkt. So schnell könnte dieses Kapitel zu Ende sein. Wenn nur das Wörtchen »wenn« nicht wäre. Oder dieses Wörtchen »Selbstdisziplin« oder »Verlockung« oder »Ausdauer«. Oft ist es so: Es gibt immer zu viele »Wenns« und zu wenig »Disziplin«.

Deine inneren Impulse verführen dich, von deinem eigentlichen Weg abzuweichen. Das ist ganz normal. Eine Gewohnheit, die du gerne ändern möchtest, hat sich möglicherweise über Jahre eingeprägt – deine Essgewohnheiten z. B. Schon beim Anblick eines Cafés gelüstet es dich nach einem Croissant. Doch das Gute ist, du hast immer die Wahl. Du kannst jedes Mal eine Entscheidung für oder gegen die süße Verlockung treffen. Mach dir bewusst, dass Impulse immer wieder auftreten können, du ihnen aber nicht nachgeben musst. Das ist deine Freiheit! Niemand zwingt dich dazu, dich verführen zu lassen. Einer Versuchung zu widerstehen hat also nichts mit Selbstgeißelung zu tun. Es geht darum, zu entscheiden. Nur du hast die Macht über deine Entscheidungen. Schließlich warst du es, der/die sich ein Ziel gesetzt und es formuliert hat. Du hast die Regeln gemacht, du bist der Boss.

Für den Neurobiologen, Arzt und Psychotherapeuten Joachim Bauer hat das übrigens weniger mit Disziplin zu tun, sondern viel mehr mit Selbststeuerung. Das Wort »Steuerung« zeigt schon, dass du es in der Hand hast und den Ausgang beeinflussen kannst. Du kannst es auch Selbstlenkung nennen. Denn das menschliche Gehirn verfügt über zwei Fundamentalsysteme, wie Bauer in seinem Buch *Selbststeuerung. Die Wiederentdeckung des freien Willens* schreibt. Wir besitzen ein Triebsystem, das auf jeden Reiz reagiert, jeder Versuchung nachgeben und jeden Frust sofort herauslassen will. Aber wir haben auch ein umgekehrt arbeitendes System, das uns befähigt, Impulse zu bremsen und zu überlegen, was unser langfristiges Ziel ist. Die Aufgabe guter Selbststeuerung besteht nach Bauer darin, beide Systeme in Balance zu halten.

Es gibt einen Unterschied zwischen kurz- und langfristiger Bedürfnisbefriedigung.

Schon als Kind lernst du, auf deine Mitmenschen Rücksicht zu nehmen, zu warten und zu teilen, also deine Impulse zu bremsen. Manchmal klappt das, manchmal nicht. Manchmal ist es möglich und nötig, manchmal nicht. Vielleicht hast du schon mal etwas vom berühmten Marshmallow-Test gehört. Der Marshmallow-Test geht zurück auf den US-Psychologen Walter Mischel und wurde in den 1960er-Jahren an amerikanischen Universitäten durchgeführt. Dabei mussten Kindergartenkinder vor einer Schale Marshmallows sitzen, ohne etwas zu naschen, wenn sie später zur Belohnung eine noch größere Portion Süßigkeiten bekommen wollten.[31] Kinder, die diesen »Belohnungsaufschub« aushalten, hätten eine allgemeine Fähigkeit zur Selbstkontrolle und damit mehr Erfolg im späteren Leben, so meinte man. Das überprüfte man jeweils zehn und 40 Jahre nach dem Experiment. Diejenigen Proband*innen des Marshmallow-Tests, die der Versuchung damals widerstehen konnten, waren erfolgreicher als die

Sofort-Nascher. Sie hatten bessere Jobs, verdienten mehr Geld, waren gesünder. Die Ergebnisse dieses Experiments machten Walter Mischel weltberühmt. Es gibt nur ein Problem: Die Forschergruppe erreichte von den ursprünglich 550 Kindern später nur noch einen Bruchteil. *Und*: Die Bildungsherkunft der Kinder wurde nicht berücksichtigt. Deswegen gibt es inzwischen auch Studien, die Mischels Ergebnisse widerlegen.[32] Wenn also ein vierjähriges Kind ohne zu warten einen Marshmallow isst, muss man sich keine Sorgen machen. Auch Walter Mischel selbst mahnte immer wieder, was die Interpretation seiner Studie anging, denn er selbst war mehr daran interessiert, wie genau man die Selbstkontrolle erlernen kann.

Das ist z. B. möglich, indem du dich von deinen Impulsen distanzierst. Stell dir vor, du seiest eine Fliege an der Wand, die dich beobachtet. Dadurch verlässt du die sogenannte »Ich-Zentriertheit« und nimmst eine andere Perspektive ein. Das schwächt allzu impulsive Gedanken und Verhaltensweisen ab und hilft dir, auf deinen Willen zu hören, so Mischel.[33] Selbstkontrolle kannst du als mentales Werkzeug ansehen, das dir hilft, Impulse (z. B. »Ich will Marshmallows!«) zu unterdrücken, um langfristige Ziele zu erreichen (»Ich will mich gesund ernähren.«) Aber:

Selbstkontrolle ist nur eine Option, kein Muss.

Denn es gibt Situationen, in denen es Sinn macht, sich doch einmal sofort zu belohnen. Sollte nicht ein Kind, dessen Eltern zu leeren Versprechungen neigen, sofort zuschlagen, wenn eine Schale Marshmallows auf dem Tisch steht? Wer weiß, ob es die zweite, größere Belohnung wirklich gibt.

Selbstkontrolle bedeutet nicht Askese.

Belohne dich also, wann immer du es deiner Meinung nach verdient hast. Jeder kleine Erfolg, jeder kleine Schritt auf dem Weg zum Ziel ist es wert, gefeiert zu werden! Selbstkontrolle und Disziplin bedeuten einfach nur, Impulse rechtzeitig zu entschärfen. Die Kinder beim Marshmallow-Test haben sich z. B. die Augen zugehalten oder die Süßigkeiten versteckt.

Du hast sicher schon die Erfahrung gemacht, dass es durchaus Spaß machen kann, nicht jeder Versuchung nachzugeben. Es ist wie das Spiel, bei dem du deinem Gegenüber in die Augen schaust, und wer zuerst lacht, hat verloren. Du kannst es schaffen, deinem Impuls zu widerstehen. Und genau solche Momente erfolgreicher Selbstlenkung sind wie eine bestandene Prüfung. Sie sind ein Erfolgserlebnis, das dir einen weiteren Motivationsschub gibt und schon so etwas wie eine kleine Belohnung darstellt. Und so komisch es klingt: Manchmal ist es eine Belohnung, auf eine Belohnung zu verzichten. Beispielsweise auf das leckere, aber fettige Croissant. Deshalb: Freunde dich mit deinen Impulsen an. Sie sind nichts Schlechtes, nur sollten sie nicht die Oberhand gewinnen. Denn wenn deine Impulse von deinem Willen gesteuert werden, hast du in wichtigen Bereichen Vorteile! Menschen, die es schaffen, auf eine Belohnung zu warten,

- leiden seltener unter ADHS,
- sind im Schnitt seltener drogenabhängig
- und sind seltener übergewichtig oder fettleibig.

Entscheide von Fall zu Fall, ob die Belohnung ein guter, kreativer Impuls ist oder ob sie dich eher an der Umsetzung deines Vorhabens und am Erreichen deiner Ziele hindert. Engelchen links, Teufelchen rechts sitzen auf deiner Schulter und reden auf dich ein. Hör zu, wer die besseren Argumente hat. Dabei gilt es immer wieder, eine Entscheidung zu treffen, und das ist natürlich nicht immer einfach. Aber warum?

Deine Entscheidung hängt von mehreren Aspekten ab: vom Ziel, von den Alternativen, von Unsicherheiten und Konsequenzen. Du bist also gezwungen kurz innezuhalten und zu antizipieren, welche Handlungsmöglichkeiten du hast und welches die jeweiligen Folgen wären. Darum geht es bei der sogenannten »deskriptiven Entscheidungstheorie«. Der Autor Thomas Langer beschreibt sie in seinem Buch *Eine Frage der Disziplin* an einem ganz simplen Beispiel: einem Spaziergang bei bewölktem Himmel. Dein Ziel bei drohendem Regen könnte sein, nicht nass zu werden. Deine Alternativen wären (a) die Mitnahme eines Regenschirms oder (b) ein Spaziergang ohne Regenschirm. Die Unsicherheit dabei wäre, dass es regnen könnte oder eben nicht. Die Konsequenzen von Alternative (a) sind sicher. Wenn du einen Regenschirm mitnimmst, bleibst du trocken, ob es regnet oder nicht. Die Konsequenzen von Alternative (b) hängen aber sehr wohl davon ab, ob es regnen wird oder nicht.

Innehalten, Reflektieren, Antizipieren und Wählen – das ist Arbeit für dein Stirnhirn, für den präfrontalen Cortex. Ja, Entscheidungen sind kompliziert. Entscheidungen wollen getroffen werden. Aber hey, es ist ja nur Wasser!

Disziplin erfordert Entscheidungen.

Und Entscheidungen werden belohnt. Aktiv Entscheidungen zu treffen, bewirkt Veränderungen in der Aufmerksamkeit und erhöht den Dopaminspiegel. Dein Gehirn belohnt dich also für jede getroffene Entscheidung. Das spürst du manchmal an der Erleichterung, die dich überkommt, wenn du eine schwere Entscheidung getroffen hast. Sich Ziele zu setzen, Entscheidungen zu treffen und dadurch Chancen zu schaffen, diese Aktivitäten gehören alle drei zum selben neuronalen Schaltkreis. Sie beschäftigen den präfrontalen Cortex positiv. Das reduziert Angst und Sorgen. Wenn du eine Entscheidung triffst, beruhigst du also gleichzeitig dein limbisches System, das für die Verarbeitung von Emotionen zuständig ist.

Trotzdem fällt es gerade bei Essgewohnheiten oft schwer, Impulsen zu widerstehen, eine Entscheidung zu treffen und diszipliniert zu bleiben. Menschen, die für einen kurzen Zeitraum fasten, berichten, dass es ihnen leichter fällt, gar nichts zu essen, als einfach im Alltag weniger oder gesünder zu essen. Denn sie stehen beim Fasten nicht vor den Hunderten von alltäglichen Entscheidungen, wie etwa: »Esse ich jetzt dieses oder jenes?« Diese Entscheidungen haben sie sich abgenommen, als sie beschlossen haben, zu fasten. So etwas zu schaffen, gibt einen unglaublichen Schub an Motivation, denn wenn man eine Woche lang nur Flüssiges zu sich nimmt, warum sollte man es dann im Alltag nicht schaffen, seine Essensgewohnheiten bewusst zu lenken, indem man jedes Mal wieder eine bewusste Entscheidung trifft?

Der Erfolg liegt in der Beharrlichkeit.

Mach dir bewusst, dass du beharrlich sein musst. Beharrlichkeit ist ein schönes Wort für »Ausdauer«. Während »Dauer« nach einem laaangen Zeitraum klingt, soll dir »Beharrlichkeit« verdeutlichen, dass du nichts anderes tun musst, als dranzubleiben. Bis du dein Ziel erreicht hast. Du harrst aus. Du harrst der Dinge und Versuchungen, die da kommen. Aber du verlierst dein Ziel nicht aus den Augen. Denn die meisten Menschen scheitern nicht daran, etwas zu versuchen, sondern daran, dass sie selbst aufgeben. Wenn du aufgibst, kannst du es nicht schaffen. Aber wenn du trotz Versuchungen, schwierigen Umständen, sogar trotz Rückschlägen weitermachst, hast du schon deinen Grundstein gelegt.

Dein Gehirn ist gern beschäftigt, nutze das aus! Du kannst deine Disziplin trainieren. Fang mit einer kleinen »Disziplinarmaßnahme« an. Nimm nicht gleich die gesamte Baustelle »gesunde Ernährung« in Angriff, sondern z. B. das Frühstück. Mach dir zum Vorsatz, dich jeden Morgen gesund zu ernähren. Triff diese eine bewusste Entscheidung und zieh sie durch. Jeden Morgen. Iss ein leckeres Müsli mit frischem Obst oder ein warmes Porridge mit Zimt. Den Rest des Tages kannst du sündigen, wenn es sein muss. Aber der Morgen ist tabu! Wenn du dich an deinen »gesunden Morgen« gewöhnt hast, versuche dein Pensum zu erhöhen. Nimm an den Wochenenden auch das Mittagessen dazu. Iss samstags und sonntags ein besonders leckeres und gesundes Mittagessen. Immer wenn du dich an die Aufgabe gewöhnt hast, setze dir ein neues Minimalziel. So trainierst du spielerisch dein Durchhaltevermögen und dein Gehirn bleibt auf Trab.

Wenn du dich einmal ärgerst, dass du einem Impuls nachgegeben hast, dann bedenke: Selbstkontrolle ist nur sinnvoll, wenn sie Teil deiner liebevollen Selbstfürsorge ist. Selbstgeißelung macht krank. Du willst schließlich nicht nach strengen Oberlehrer-Vorschriften leben und ein durch und durch kontrolliertes Wesen werden. Sorge einfach verantwortungsvoll für deine eigene Zufriedenheit und dein Wohlergehen.

Es ist also auch sehr normal, frustriert, verärgert und ungeduldig zu sein. Um zu üben, wie du damit umgehen und in diesen Momenten liebevoll im Umgang mit dir selbst bleiben kannst, probiere die folgende Übung aus.

Wie du bewusst mit aufkommenden Gefühlen umgehst und dich nicht von ihnen bestimmen lässt

(Dauer: ca. drei bis fünf Minuten)

1. **Beobachte dein Gefühl**
   Atme tief dreimal durch die Nase ein und durch den Mund aus.
   Nimm die Anwesenheit dieses Gefühls wahr. Tritt gedanklich oder auch real einen Schritt zurück und löse dich von dem Gefühl.
2. **Nimm dein Gefühl wahr.**
   Wie eine Welle, die kommt und wieder geht. Versuche nicht, das Gefühl zu blockieren. Versuche nicht, das Gefühl zu unterdrücken.
   Versuche nicht, das Gefühl loszuwerden. Schieb es nicht zur Seite.
   Versuch nicht, das Gefühl aufrechtzuerhalten. Halte das Gefühl nicht fest.
   Denk daran: Du bist nicht dein Gefühl.
3. **Übe deine Gefühle anzunehmen.**
   Bewerte deine Gefühle nicht. Sei offen für sie – sie kommen und gehen, wie vorbeiziehende Wolken.
   Versuche dein Gefühl zu akzeptieren.

Wende diese Übung möglichst immer dann an, wenn du wahrnimmst, dass du in einen emotionalen Zustand gerätst, der dich in irgendeiner Art und Weise fordert.

Wie du dich belohnst

Was ist eigentlich eine Belohnung, wenn man die Neurologie mal beiseitelässt? Wie der Philosoph Klaus Kornwachs feststellt, ist eine Belohnung nicht gleich Lohn. Im Gegensatz zum Lohn wird eine Belohnung freiwillig gewährt, und sie ist keine »Gegenleistung« für erbrachte Mühen oder Arbeit[34]. Denk nur einmal an das Leckerli, das dein Hund kriegt, wenn er gelernt hat, »Sitz« zu machen. Du musst es ihm nicht geben. Vielleicht hätte er »Sitz« machen auch so gelernt. Aber dadurch, dass du deinen Hund belohnst, verstärkst du sein positives Verhalten. Die Belohnung motiviert ihn, beim nächsten Kommando erneut brav an der Bordsteinkante zu warten. Das funktioniert auch bei uns Menschen.

In der Verhaltenstherapie werden Belohnungen als »positive Verstärker« bezeichnet. Das können Lob, Anerkennung, Achtung, Wertschätzung, aber auch Nahrung oder Geld sein. Diese Verstärker sollen die Wahrscheinlichkeit erhöhen, dass ein erwünschtes Verhalten wieder auftritt. Das Problem dabei ist: Lob z. B. wirkt nicht belohnend, wenn du denjenigen, der dich lobt, nicht respektierst oder nicht magst. Wirst du dagegen sehr häufig gelobt, verliert das Lob vielleicht mit der Zeit an Wirkung. Ein weiteres Problem bei Belohnungen besteht darin, dass sie meist von außen kommen, von anderen. Ob andere dich in irgendeiner Weise für dein Verhalten belohnen oder nicht, ist jedoch ein Faktor, auf den du selbst keinen Einfluss hast.

Warum belohnst du dich also nicht mal selbst? Wir tun das viel zu selten. Und wenn, dann meist ausgerechnet dann, wenn die Dinge nicht so laufen, wie wir es geplant hatten. Frust-Shoppen oder Frust-Essen dürfte den meisten von uns bekannt vorkommen. Doch diese Art von Belohnung ist kontraproduktiv.

Deine Belohnung soll nichts kompensieren oder als Tausch fungieren.

Versuche also lieber, nicht Stress oder Frust durch Belohnung zu verstärken, sondern stattdessen Positives.

Belohne dich für kleine Erfolge!

Wie du bereits weißt, erreichst du große Ziele einfacher, wenn du sie in kleine Etappen einteilst. Jeder noch so kleine Erfolg ist es wert, zelebriert zu werden. Belohne dich nicht erst, wenn du zehn Kilogramm abgenommen, deine 500-seitige Dissertation fertiggestellt oder seit vier Wochen nicht mehr geraucht hast. Ist es nicht schon belohnenswert, wenn du ein Kilo weniger auf die Waage bringst, zwei Stunden konzentriert an der Fragestellung deiner Arbeit gesessen oder nach einem stressigen Arbeitstag abends nicht geraucht hast? Natürlich haben auch große Belohnungen für große Erfolge eine Wirkung. Aber genauso solltest du auch deine kleinen Errungenschaften wertschätzen, denn ohne viele kleine Schritte kommst du nicht an dein großes Ziel.

Belohne realistische Ziele!

Es nutzt nichts, dir selber Belohnungen zu versprechen für Dinge, die du nicht erfüllen kannst. Du musst dir sicher sein, dass du dein zu belohnendes Ziel auch erreichen kannst. Sonst betrügst du dich selbst und bringst dich um deine eigene Belohnung. Das ist eher frustrierend und demotivierend. »Ich zimmere heute aus dem Stegreif meine Präsentation für das Meeting nächste Woche zusammen« ist kein realistisches Ziel. »Ich erstelle heute die drei fehlenden Diagramme und belohne mich dann mit einem Kaffee in der Sonne« macht mehr Sinn – dies ist ein erreichbar formuliertes Ziel, wie du es im Abschnitt »Worte, Worte, Worte: Ziele wollen gut formuliert sein« gelernt hast.

Belohne dich großzügig!

»Großzügig« bedeutet nicht, dass du dich für jeden Mini-Erfolg mit riesigen Geschenken oder kostspieligen Unternehmungen verwöhnen musst. Angenommen, du hast dir ein kleines, realistisches Ziel gesetzt, das du anschließend gebührend feiern willst, bleibst aber etwas hinter deinen Erwartungen zurück oder bist nicht hundertprozentig zufrieden. Versage dir auch in diesem Fall deine Belohnung nicht! Gerade dann ist es hilfreich, das, was du geleistet hast, anzuerkennen. Gönn dir etwas, was du dir länger nicht gegönnt hast. Sei großzügig dir selbst gegenüber und halte deine dir selbst gegebenen Versprechungen ein! Sich Belohnungen vorzuenthalten kann wie eine Bestrafung wirken. Das macht das Belohnen als Strategie der Selbstmotivation wirkungslos.

Belohne dich zeitnah!

Am wirkungsvollsten ist es, wenn du dich unmittelbar nach Erreichen deines Ziels belohnst. Sonst verpufft die Wirkung. Gönnst du dir die Belohnung für deine erfolgreiche Präsentation erst Monate später, ist dein Erfolg nicht mehr mit der Belohnung verknüpft. Die Belohnung kann dann nicht mehr als positiver Verstärker deines Verhaltens fungieren.

Belohne dich variantenreich!

Lass die Abstände zwischen den Belohnungen mit der Zeit größer werden und variiere die Art deiner Belohnungen. Sonst werden sie womöglich zur Gewohnheit und damit nutzlos. Wenn du dir bei einer arbeitsintensiven Präsentation nach jeder fertiggestellten Seite eine Tafel Schokolade gönnst, kannst du bald keine Schokolade mehr sehen (und gesund ist es auch nicht). Bewahre dir Belohnungen als etwas Besonderes im Alltag. Nur so bleibt ihre motivierende Wirkung erhalten.

Aber wann genau ist nun der richtige Zeitpunkt für eine Belohnung gekommen? Keine Sorge, der ist häufiger da, als du denkst! Denn ist es nicht beeindruckend, was du täglich alles so meisterst? Nimm nicht alles, was du an einem Tag erreichst, einfach als selbstverständlich hin. Familie, Freunde, Beruf, Hobbys, Hausarbeit – meist schaffst du Tag für Tag ein riesiges Pensum und bist dir dessen gar nicht bewusst. Und dann ist da ja noch dieser Glaubenssatz »Eigenlob stinkt«. Dabei baut Eigenlob dich auf und du kannst es dir jederzeit geben – z. B., wenn die Anerkennung von außen fehlt oder kleiner ausfällt als erhofft. Schließlich sollte es dir ja auch darum gehen, Dinge für dich selbst anzupacken und nicht für andere. Bei Belohnungen von außen besteht die Gefahr, dass sie die eigene innere Motivation verdrängen oder ersetzen. Kinder beispielsweise, die in einer Studie für das Malen von Bildern belohnt wurden, malten nach dem Wegfall der Belohnungen weniger Bilder als die Kontrollgruppe.[35] Das wird als »Korrumpierungseffekt« bezeichnet. Wenn eine Tätigkeit als Mittel erscheint, um etwas anderes zu bekommen, dann wirkt die Tätigkeit, das Verhalten an sich offenbar weniger wertvoll.

Viel schöner ist es doch eigentlich, nicht vom Lob oder der Belohnung anderer abhängig zu sein! Durch Selbstbelohnung und Eigenlob kannst du die Sehnsucht nach Anerkennung von außen immer weiter loslassen. Deshalb belohne dich immer dann, wenn du mit dir selbst zufrieden sein kannst. Beispielsweise, wenn du:

1. Dinge geschafft hast, die du dir vorgenommen hast,
2. unvorhersehbare Aufgaben gemeistert hast,
3. dich für jemanden oder etwas geöffnet hast,
4. aus alten Mustern ausgebrochen bist,
5. an etwas gewachsen bist.

Wenn du diese Checkliste jeden Abend durchgehst, reflektierst du automatisch dein Handeln, und dir wird auffallen, wie viel Belohnenswertes du jeden Tag zustande bringst. Dich abends bewusst an drei kleine erfolgreiche Dinge des Tages zu erinnern, schult deine Achtsamkeit. Auf deine großen, übergeordneten Ziele kannst du alle drei Monate blicken und dich fragen, welche du bereits erreicht hast. Bist du deinen Träumen ein Stück näher gekommen? Einmal im Jahr – zu Silvester – folgt dann meist automatisch die große Bestandsaufnahme. Nimm eine innere Inventur vor und frage dich, ob oder wie du dich verändert hast. Woran bist du innerlich gewachsen? Durch welche Stärken bist du deinen Zielen näher gekommen? Was willst du weiterhin verändern?

Jede Antwort, die du darauf findest – ja sogar die Tatsache, dass du darüber nachdenkst –, ist eine Belohnung wert. Es kann eine enorme Genugtuung darstellen, wenn du dir bewusst machst, was du bereits erreicht hast.

Bleibt die Frage, *womit* du dich selbst belohnen kannst. Was wir als Belohnung empfinden, ist individuell sehr verschieden. Eine Belohnung ist all das, was positiv verstärkend wirkt. Das kann alles sein, was Abwechslung in deinen Alltag bringt; besondere Dinge, die du dir nicht alltäglich zugestehst. Tu dir etwas Gutes, gönn dir eine Pause, einen speziellen Tee, eine Folge deiner neuen Lieblingsserie oder eine besondere Süßigkeit. Du kannst dir nach einem harten Arbeitstag etwas Gesundes zum Essen bestellen. Oder die Abgabe deiner Steuererklärung an einem Abend mit guten Freunden feiern.

Spaß und Genuss sind das Wichtigste an einer Belohnung.

Du kannst dir deine persönliche Belohnungsliste erstellen und in dein Notizbuch schreiben. Auf diese Weise machst du dir selbst das kleinste Stück Schokolade oder auch nur drei tiefe Atemzüge als Belohnung bewusst. All das wirkt unterstützend und macht dich gleichzeitig achtsamer im Umgang mit dir selbst. Im Endeffekt geht es darum, liebevoll mit dir selbst zu sein und ein Gespür dafür zu bekommen, was dir guttut, und nicht darum, ständig irgendwelchen Belohnungen nachzujagen. Dein Ziel ist es schließlich, anzukommen. Dein Ziel ist nicht die sprichwörtliche Karotte vor deiner Nase. Die Belohnung als solche ist nur ein Vehikel, ein Werkzeug, um in schwierigen Situationen deine Motivation aufrechtzuerhalten. Wenn du etwas wirklich von Herzen willst, kommt die Motivation und damit der Erfolg meist von allein. Ob mit oder ohne Belohnung. Es geht darum, die Umsetzung deiner Träume und Wünsche zu planen, danach zu handeln und, wenn du dein Ziel dann erreicht hast, das auch zu feiern. Feiere jeden Erfolg – mag er auch noch so klein sein. »Feiern« meint in diesem Zusammenhang: innehalten, reflektieren und wertschätzen.

Belohnungen sind die Pausen auf deinem Weg zum Ziel.

Nach dem Spiel ist vor dem Spiel: Wie du verhinderst, in alte Muster zurückzufallen

Erinnerst du dich noch an deinen unerwünschten Wegbegleiter aus dem Kapitel »Geschichten vom Schweinehund«? Vielleicht ist dir der Schweinehund seither schon einige Male über den Weg gelaufen. Du hast dich entschieden, etwas an dir oder deinen Gewohnheiten zu ändern. Doch dann kommen da immer wieder diese alten Impulse, Verlockungen oder Ablenkungen, die es dir schwer machen, dein Ziel zu erreichen. Ich habe dir schon einige Tipps und Tricks gegen Ablenkungen an die Hand gegeben, und trotzdem kommt es immer wieder vor, dass du in alte Verhaltensmuster zurückfällst. Das ist ganz normal! So einfach ist es eben nicht, Verhaltensmuster zu verändern. Es gilt dabei, einige Hürden zu überwinden. Am frustrierendsten sind die Rückfälle. Selbst wenn du bereits am Ziel bist, kann es immer mal wieder vorkommen, dass auf einmal eine alte Gewohnheit, ein altes Denkmuster bei dir anklopft und sich zurückmeldet. In diesem Kapitel erfährst du, wie es zu Rückfällen kommt, wie du mit ihnen umgehst, warum Abgrenzung wichtig ist, wie du Überbelastung vermeidest, aus Rückschlägen lernst und schließlich Fortschritte erkennst.

Warum du Rückfälle erleidest

Rückfälle passieren, weil deine Gewohnheiten und Denkmuster sehr hartnäckig sind. Schließlich hast du sie über Jahre kultiviert, manchmal sogar dein ganzes Leben lang. Dein Gehirn liebt Gewohnheiten und Routinen und hegt und pflegt sie, wo es nur geht. Deshalb kannst du dich nicht so einfach von heute auf morgen verändern. Veränderung geschieht nicht kontinuierlich, sie passiert nicht linear. Wenn du einen Rückfall erleidest, kann es daran liegen, dass du …

- ab und zu dein Ziel aus den Augen verlierst,
- körperlich oder geistig erschöpft bist,
- dich in einer Krise befindest,
- dich für einen anderen Menschen verändern willst statt für dich selbst,
- dir einredest, dich nicht ändern zu können,
- denkst, es lohne sich nicht oder sei zu anstrengend,
- ein Ziel gewählt hast, das nicht mess- oder kontrollierbar ist,
- noch keinen passenden Plan entwickelt hast.

Wie du siehst, gibt es viele Gründe für einen Rückfall in alte Gewohnheiten. Gerade in Krankheitsphasen oder Krisensituationen neigen wir dazu, in alte Muster zu verfallen. Routinen fungieren dann wie eine Art Sicherheitsnetz: Wenn du dich verhältst, wie du es gewohnt bist, musst du nicht darüber nachdenken, nichts hinterfragen, keine Entscheidungen treffen. So spart dein Gehirn Energie. Die brauchst du in solchen Situationen schließlich für andere Dinge.

Vielleicht erleidest du aber auch einen Rückfall, weil du dich für jemand anderen verändern willst anstatt für dich selbst und deine eigene Zufriedenheit. Wenn dein Antrieb von außen kommt, ist dein Wille möglicherweise nicht so stark, als wenn du aus eigener Überzeugung handelst. Die Motivation zur Veränderung sollte aus dir selbst entspringen – denn es kommt nicht darauf an, wie andere dich sehen. Du selbst musst dich lieben. Dann werden es auch andere tun.

Manchmal sind es auch alte Glaubenssätze, die dich daran hindern, Fortschritte zu machen. Du redest dir ein, du schaffst es nicht, weil du diese Erfahrung in der Vergangenheit schon einmal gemacht hast. Aber woher willst du wissen, dass es dieses Mal nicht vielleicht doch klappt, wenn du es erst gar nicht versuchst? Dass es sich lohnt, wirst du spätestens am Ziel merken – vorausgesetzt, du verfolgst ein Ziel, das realistisch und kontrollierbar ist. Wenn auch andere Menschen zur Erreichung deines Ziels beitragen müssen – z. B. die Beziehung zu retten, den Familienstreit zu schlichten oder für den Weltfrieden zu sorgen –, liegt dein Ziel nicht allein in deinen Händen. Die Rückfälle, die daraus resultieren, also auch nicht.

Zu guter Letzt kann es dich auch zurückwerfen, wenn du zwar aus deiner eigenen Motivation heraus ein realisierbares Ziel verfolgst, aber noch keine passende Strategie entwickelt hast, um es zu erreichen. Warum der Weg ebenso wichtig, wenn nicht gar noch wichtiger ist als das Ziel, kannst du noch mal im Abschnitt »Warum Ziele allein kontraproduktiv sind« nachlesen.

Wie du Rückfällen vorbeugst

Nun weißt du, wie es zu Rückfällen in alte Muster kommen kann. Schon allein dieses Wissen kann dich beruhigen, weil es dir verdeutlicht, dass Rückfälle ganz normal sind. Verlier also nicht den Mut, denn es gibt verschiedene Wege, um zu verhindern, dass alte Verhaltensmuster zurückkehren.

Du kannst …

- regelmäßig innehalten und dich auf deine Wünsche und deinen Weg fokussieren,
- dir immer wieder Pausen gönnen,
- den Ursprung deiner Motivation überprüfen,
- deine Glaubenssätze in den Blick nehmen,

- dir die Vorteile deiner Veränderung immer wieder bewusst machen,
- dein Ziel nachjustieren,
- eine bessere Strategie entwickeln.

Solltest du ab und an dein Ziel aus den Augen verlieren, schaffe dir kleine Reminder, die dich daran erinnern, was du erreichen willst. Das kann ein Klebezettel am Kühlschrank sein, ein schriftlicher Vertrag mit dir selbst oder eine bestimmte wiederkehrende Situation, in der du bewusst innehältst, um dich an dein Vorhaben zu erinnern. Du kannst z. B. üben, an jeder roten Ampel kurz den Ist-Zustand mit deinem Soll-Zustand zu vergleichen. So wird aus einer Zwangspause eine regelmäßige Achtsamkeitsübung.

Gönne dir ohnehin regelmäßig Pausen von deinem Vorhaben, besonders, wenn es in anderen Lebensbereichen gerade nicht so rund läuft und du einfach keine Kraft hast, an dir zu arbeiten. In Ernährungsratgebern liest man oft von sogenannten »Cheat days«, also Schummeltagen, an denen du fünf gerade sein lassen kannst. Sonntags darf z. B. alles gegessen werden, wenn für den Rest der Woche wieder Disziplin herrscht. Denn ständiger Verzicht oder ununterbrochene Kontrolle wecken oft ein noch größeres Verlangen. Wenn du dir ab und zu kleine Ausrutscher oder Rückfälle gestattest, heißt das nicht, dass du dein Ziel deswegen nicht erreichst. Im Gegenteil. Leg einfach einen Zeitraum fest, in dem du pausierst, und einen konkreten Startpunkt zum Weitermachen – z. B. am ersten Tag, an dem du nach einer Krankheit wieder fit bist, oder am ersten Tag, an dem das aufreibende Projekt bei der Arbeit abgeschlossen ist. Wichtig ist, dass du dein Ziel trotz Pause nicht aus den Augen verlierst oder etwa vergisst.

Solltest du dir vorgenommen haben, dich für jemand anderen zu verändern anstatt für dich selbst, dann überprüfe, ob das

Sinn macht und ob du in dir selbst nicht vielleicht noch eine andere, viel tiefer gehende Motivation für dein Vorhaben findest. Denn die Menschen in deinem Umfeld können wechseln – aber du selbst musst ein Leben lang mit dir klarkommen. Frag dich, für wen oder was du dich ändern möchtest und warum. Und dann tu, was du für richtig hältst und nicht, was andere von dir erwarten.

Wenn du trotzdem manchmal denkst, du schaffst es nicht, dich zu ändern, überprüfe deine Glaubenssätze. Was bringt dich zu der Annahme, etwas nicht zu können? Wie kommst du auf die Idee, es lohne sich nicht? Hast du Beweise dafür? Gegebenenfalls überprüfe deine Ziele nochmal auf ihre Realisierbarkeit. Sind sie konkret formuliert, kannst du jeden noch so kleinen Fortschritt messen. Wenn du dir jedoch etwas so Unkonkretes vorgenommen hast, wie etwa »glücklicher zu sein«, ist es schwierig zu beurteilen, ob du deinem Ziel schon etwas näher gekommen bist oder nicht. Überlege vorher, was dieses »glücklicher sein« bedeutet. Steckt dahinter ein »Ich will mehr Zeit für mich haben« oder ein »Ich möchte gesünder leben«? Versuche aus diesen Motivationen heraus ein konkretes Ziel zu formulieren und erarbeite dir einen Plan, was du und nur du allein dazu beitragen kannst.

Warum Abgrenzung wichtig ist

Auf dem Weg zu mehr Zufriedenheit ist es wichtig, gesunde Grenzen zu setzen. Denn Gewohnheiten und Verhalten zu ändern braucht Energie und Ruhe. Du musst dich dabei auf dich selbst konzentrieren und deine Ziele im Fokus behalten. Das ist schwierig, weil du nicht alleine auf diesem Planeten lebst. Bei der Arbeit will ständig jemand etwas von dir, Freunde brauchen ein offenes Ohr und dein/e Partner*in verlangt Liebe und Zuneigung.

Am liebsten würdest du alles zu jeder Zeit geben bzw. erfüllen. Nur ist das schlicht nicht möglich. Du kannst es nicht immer und zu jeder Zeit allen recht machen. Du kannst nicht deine eigenen und die Bedürfnisse anderer jederzeit und gleichzeitig erfüllen. Manchmal brauchst du einfach Ruhe. Ohne schlechtes Gewissen. Und die bekommst du nur, indem du dich – wenn nötig – abgrenzt. Das bedeutet nicht, dass du dich in einem Tresorraum einschließt, in dem dich niemand erreicht. Soziale Kontakte sind ein wichtiger, wenn nicht der wichtigste Glücksfaktor in unserem Leben.

Aber es gibt immer wieder Tage, an denen es schwerfällt, für andere da zu sein. Manchmal brauchst du deine Energie einfach für dich allein. Dann ist es wichtig, dir dessen bewusst zu werden und entsprechend zu handeln. Zum Beispiel, wenn du gerade einen Rückschlag erlitten hast. In solch einem Moment hast du möglicherweise nicht die Kraft, dir den Liebeskummer einer guten Freundin anzuhören. Du bist mit deinen eigenen Problemen beschäftigt. Genau dann ist es wichtig, gesunde Grenzen zu setzen und das Neinsagen zu üben. Du brauchst dabei kein schlechtes Gewissen zu haben, denn wenn du gerade selbst zu belastet für einen sozialen Austausch bist, wirst du ohnehin keine besonders große Hilfe sein. Es hilft dann, zu kommunizieren, dass deine Aufmerksamkeitsgrenze erreicht ist.

Dafür ist es wichtig, dein Limit kennenzulernen, indem du achtsam bist gegenüber deinen Belastungsgrenzen. Sobald du merkst, dass du in Gesprächen abschweifst, Informationen nicht mehr verarbeiten kannst, dich körperlich ausgelaugt fühlst und dir bewusst wird, dass du gerade etwas mehr Zeit für dich brauchst, zieh die Reißleine und sag Termine oder Verabredungen ab. Das ist keine Schande, sondern purer Selbstschutz. Wichtig ist, die eigenen Grenzen zu akzeptieren.

Ein Nein zu jemand anderem ist manchmal ein Ja zu dir selbst.

Es zeugt von innerer Stärke, wenn du deine Wünsche und Ziele kennst, dazu stehst und nach dem handelst, was du wirklich möchtest. Nur so sorgst du für dein eigenes Wohlbefinden, und nur so kannst du schließlich auch wieder für andere da sein. Denn Empathie braucht deine volle Energie und hundertprozentige Aufmerksamkeit.

Grenzen setzen ist kein Egoismus, sondern Selbstfürsorge.

Gerade in Zeiten einer eigenen Krise, z. B. wenn du frustriert bist, weil es mit dem Umsetzen deiner Ziele nicht so klappt wie erhofft, wenn du in alte Verhaltensweise verfällst und unzufrieden bist, lade dir nicht noch zusätzlich die Probleme anderer auf. Achte auf gesunde Grenzen! Das ist auch ein wichtiger Aspekt, um Überlastung zu vermeiden.

Wie du Überlastung vermeidest

Um Rückschlägen vorzubeugen, solltest du dir nicht zu viel auf einmal zumuten. Dies gelingt mit den folgenden vier einfachen Strategien:

1. **Druck wahrnehmen**

   Wir leben in einer Welt, in der hohe Erwartungen an uns gestellt werden – nicht zuletzt von uns selbst. Leistungsdruck, Stress oder emotionale Krisen können sich sowohl körperlich als auch emotional auswirken. Du kannst regelrecht Kopf- oder Rückenschmerzen und Magenbeschwerden bekommen, wenn du dich zu lange zu hohen Belastungen aussetzt. Sensibilisiere dich für Körperreaktionen wie Schwitzen, ein Engegefühl in der

Brust, angespannte Muskeln, erhöhten oder zu niedrigen Puls oder Blutdruck. Auch Appetitlosigkeit oder übermäßiger Appetit können von Stress herrühren. Emotional bist du dann besonders reizbar, frustriert oder sogar wütend. Lerne rechtzeitig zu erkennen und einzuordnen, in welchen Situationen es dir so ergeht. Achte auf die Signale deines Körpers!

2. **Kontrolle hinterfragen und loslassen**
   Du kannst mithilfe von Apps heute so ziemlich alles nachverfolgen und kontrollieren, was du willst. Das Ziel scheint ständige Selbstoptimierung zu sein – ob du nun deine Schritte zählst, die zu dir genommene Kalorien, deine Wasserzufuhr, deine Herzfrequenz aufzeichnest oder deinen Schlaf überwachst. Manchmal tut es aber einfach mal gut, Kontrolle abzugeben und loszulassen. Denn du kannst sowieso nicht alles und jeden kontrollieren. In Situationen, in denen du dich anderen Menschen oder Umständen hilflos ausgeliefert oder fremdgesteuert fühlst, frage dich, ob du in diesem Augenblick etwas ändern kannst, und falls ja, was das ist. Auf manche Dinge hast du schlicht keinen Einfluss. Das musst du akzeptieren. Der Zweck des Lebens ist ohnehin nicht Leistung, sondern Sein!
3. **Erwartungen kommunizieren**
   Niemand kann in deinen Kopf hineingucken und erraten, was du fühlst oder erwartest. Genauso wenig kannst du in die Köpfe der anderen gucken. Wenn du aber offen über deine Sorgen, Ängste, Wünsche, Ansprüche und Ziele sprichst, kannst du Missverständnissen vorbeugen. Das nimmt den Druck, dich oder andere zu enttäuschen und Erwartungen nicht gerecht zu werden.
4. **Erwartungen loslassen**
   Die besten Erwartungen sind keine Erwartungen – denn die können nicht enttäuscht werden. Sind deine eigenen Erwar-

tungen zu hoch oder zu unrealistisch, setzt du dich selbst unter Druck. Mach dir deshalb deine Erwartungen bewusst und lass sie, wenn nötig, auch mal los. Nur so kannst du offen sein für alles, was kommen mag. So bist du nicht von einem bestimmten Resultat abhängig und wirst dich wundern, wie viele positive Überraschungen das Leben für dich bereithält.

Wie du mit Rückschlägen umgehst

Fehler sind menschlich, genau wie das Versagen. Auch wenn du es schaffst, dich gut abzugrenzen, Überbelastung vermeidest und versuchst, nicht in alte Muster abzurutschen, kann dies doch immer mal wieder vorkommen. Das ist normal und auch gar nicht schlimm – denn Rückschläge, Fehler oder Krisen bilden eine wichtige Voraussetzung, um daraus zu lernen und dich weiterzuentwickeln. Meist kannst du Fehler oder Rückschläge nicht rückgängig machen, aber du kannst lernen, mit ihnen umzugehen. Dabei helfen dir diese sieben Kniffe:

1. **Gestehe dir Fehler oder Rückschläge ein**
   Manchmal läuft es einfach nicht gut, du bist gereizt und würdest am liebsten den anderen die Schuld in die Schuhe schieben. Das ist ein ganz natürlicher Reflex, um dein eigenes Selbstwertgefühl zu bewahren. Aber letztendlich nimmst du dir damit eine wichtige Chance. Um nach Rückschlägen zu wachsen und daraus zu lernen, musst du dir eingestehen, dass niemand anders für dein Verhalten verantwortlich ist als du selbst. Dir deine Fehler einzugestehen ermöglicht es dir, die Situation zu analysieren und es nächstes Mal anders zu machen! Dir Fehler einzugestehen bedeutet Weiterentwicklung.

2. **Akzeptiere deine Fehler und Rückschläge**
Wenn du schon einmal dabei bist, dir deine Rückschläge einzugestehen, dann kannst du auch gleich weitermachen und sie akzeptieren. Ärgere dich nicht allzu lange, wenn du mal wieder ein altes Denk- oder Verhaltensmuster an den Tag gelegt hast. Du bist nicht perfekt. Niemand ist es. Durch Rückschläge lernst du deine Siege erst richtig zu schätzen!
3. **Sieh das Positive an einem Rückschlag**
Manchmal bringen vermeintliche Fehler die größten Entdeckungen zutage oder Rückschläge spornen zu neuen Höchstleistungen an. Bevor Bill Gates mit Microsoft der reichste Mann der Welt wurde, ging seine erste Firma pleite. Steve Jobs wurde nach einem gescheiterten Projekt von Apple gefeuert, später kaufte er das Unternehmen. Penicillin wurde angeblich nur entdeckt, weil der Bakteriologe Alexander Fleming versehentlich das Laborfenster offen ließ. Seine Bakterienkulturen wurden vom Penicillium-Schimmelpilz befallen und das Antibiotikum ward entdeckt. Wo wären wir heute, hätten diese Männer gleich alles richtig gemacht?
4. **Nimm Rückschläge mit Gelassenheit hin**
Mach mal eine Bestandsaufnahme: Wie schlimm ist es wirklich, dass du dein Ziel nur über Umwege erreichst, weil dich gerade ein Rückschlag erwischt hat? Die Welt geht davon nicht unter. Gerade über Kleinigkeiten solltest du dich nicht unnötig aufregen. Humor ist, wenn man trotzdem lacht – und am besten lachst du über dich selbst. Erkläre nicht gleich dein ganzes Vorhaben für gescheitert, bloß weil mal was schiefgeht. Mit etwas Abstand betrachtet, findet sich meist eine Lösung.
5. **Gönne dir nach Rückschlägen eine Pause**
Wenn Tiere verwundet sind, lecken sie ihre Wunden. Und genau das solltest du auch tun, wenn dich etwas wirklich aus der

Bahn wirft. Gönn dir bei harten Rückschlägen genügend Zeit, um dich davon zu erholen. Du musst nicht sofort wieder zurück aufs Spielfeld! Es braucht Zeit, die Situation zu analysieren und sie zu verarbeiten. Nur so kannst du daraus lernen.

6. **Richte dein Krönchen und sieh nach vorne**
   Irgendwann hast du genug analysiert und interpretiert. Beginnen sich deine Gedanken zu verselbstständigen und kreisen sie nur noch um deinen Rückschlag, bringt dich das ab einem gewissen Punkt nicht mehr weiter. Stoppe Selbstvorwürfe, indem du achtsam deine Konzentration auf das richtest, was wirklich wichtig ist. Nicht das Scheitern zählt am Ende, sondern der Versuch und das Weitermachen. Lass Vergangenes hinter dir, besinne dich auf dein Vorhaben und übe weiter.
7. **Nimm Fortschritte wahr**
   Um Rückschläge zu vermeiden oder besser mit ihnen umzugehen, ist es wichtig, dass du dein langfristiges Vorhaben im Auge behältst. Vielleicht bist du deinem Ziel schon viel näher, als du denkst! Statt auf die kleinen zwischenzeitlichen Krisen und Rückschritte solltest du dein Augenmerk viel eher auf deine Fortschritte richten. Das erhält deine Motivation aufrecht und gibt dir neuen Schub. Mach eine Bestandsaufnahme und sieh, was du bereits geschafft hast. Das kann dir keiner nehmen!

Ein Rückfall ist kein Anlass zur Resignation.

Er zeigt dir nur, dass dein Ziel möglicherweise zu hochgesteckt ist oder deine neuen Gewohnheiten, Verhaltens- und Denkweisen noch nicht vollständig gefestigt sind. Nicht mehr und nicht weniger. Lass dich davon nicht entmutigen. Enttäuschung, Wut und Trauer sind sehr starke Gefühle, die dich schnell vergessen lassen, dass da auch immer noch eine andere, positive Seite auf dich wartet! Ein kleiner Hänger oder zwischenzeitlicher Stillstand ist auch kein Grund, dich zu verurteilen. Durch Vorwürfe wird es nur schlimmer, also lass dich von den Tiefs nicht vereinnahmen. Du lernst schneller, indem du Positives belohnst, nicht, indem du Negatives verstärkst.

Richte deine Aufmerksamkeit auf die Fortschritte, die du machst! Je häufiger du das tust, umso mehr Gelegenheiten schaffst du dir selbst, um Erfolgserlebnisse gebührend zu feiern und dich selbst zu loben. Das stärkt deine Motivation und bestätigt dich in deinem Vorhaben. Such dazu gezielt nach kleinsten Hinweisen für positive Veränderung und Weiterentwicklung. Du machst z. B. Fortschritte, wenn …

- du dich bewusst in eine ungewohnte oder unbequeme Situation begibst,
- du die Gefühle in dieser Situation annimmst, ohne zu bewerten,
- das Gefühl von Unbehagen oder Ungewohntsein weniger lange anhält als bisher,
- negative körperliche Reaktionen nachlassen,
- du dich bei Rückfällen beruhigen und auf deinen Plan/dein Ziel besinnen kannst,
- du negative Gedanken unterbrechen kannst.

All das kann dir zeigen, dass du schon viel weiter bist als noch zu Beginn. Also hole die Lupe raus und guck genau hin! Du hast einen Entschluss gefasst und dich auf den Weg gemacht, und der geht nicht immer nur geradeaus nach vorne. Aber jedes Mal, wenn du es schaffst, ein neues Verhalten zu etablieren, jedes Mal, wenn du dich herausforderst, deine Komfortzone verlässt und dabei deine neue Einstellung oder Haltung bewahrst, kommst du ein Stück weiter. Jeder noch so kleine Fortschritt, jede Wiederholung zählt. Denn du weißt: Nur durch Wiederholungen werden deine neuen Denk- und Verhaltensweise zur Gewohnheit und damit zur Routine. Stillstand oder Rückfälle in alte Verhaltensmuster gehören ebenso dazu. Versuche das zu akzeptieren. Statt dich zu verurteilen, suche lieber nach den Gründen dafür und versuche zu verstehen, warum du dich manchmal nicht so verhältst, wie du es dir wünschst. So kannst du daraus lernen und die Ursachen angehen.

Da du jetzt weißt, dass dein Gehirn dich für gewohnte Verhaltensmuster belohnt und du gelernt hast, wie diese Belohnung durch chemische Prozesse gesteuert wird, verstehst du vielleicht besser, warum es so schwer ist, Gewohnheiten abzulegen. Der Belohnungsschaltkreis lässt Tiere und Menschen gleichermaßen den Freuden des Lebens nachgehen. Doch als Mensch musst oder willst du deine Gelüste manchmal zügeln.

Dabei sind Motivation und mentale Einstellung essenziell. Das Gute: Du kannst lernen, beides zu steuern. Willst du Positives verstärken, belohne dich selbst. Das Wechselspiel zwischen Verlangen und Befriedigung hilft, durchzuhalten. Belohnungen erhalten die Motivation. Motivation wiederum ist die treibende Kraft für zielgerichtetes Verhalten. Deine Freiheit dabei ist, nicht jeder Versuchung nachgeben zu müssen. Aber Freiheit ist auch, deine kleinen Fortschritte belohnen zu dürfen! Bestrafe dich nicht für Rückfälle. Sie sind normal und gehören zum Lernprozess dazu. Selbstkontrolle und Arbeit an deinem eigenen Verhalten bedeuten nicht Askese. Es soll dir vor allem Spaß machen, denn Spaß ist ein wichtiger, zusätzlicher Motivationsfaktor. Wenn du dir diesen Schaltkreis bewusst machst, fällt es dir leichter, deine Vorhaben auch tatsächlich in die Tat umzusetzen.

Feiere jeden kleinen Erfolg!

Sei stolz, dass du deine Komfortzone verlassen hast. Lobe dich. Bejahe dein neues Verhalten, denn es war nicht leicht. Wenn es so einfach gewesen wäre, hättest du es ja schon längst gemacht. Belohne dich, in dem du dir etwas Nettes sagst, dir auf die Schulter klopfst. Kauf dir etwas, was nur dir guttut. Mach es dir schön. Stell dich ans Fenster und atme dreimal tief durch. Sage dir z. B.: »Schön, ich habe gerade wieder etwas anders gemacht als sonst. Jeder Schritt zählt!« Schenke dir dabei ein Lächeln.

Erstelle dir eine persönliche Belohnungsliste

Weiter oben habe ich dir schon einige mögliche Belohnungen aufgezählt. Mach dir eine eigene Liste mit persönlichen Belohnungen. Oft ist es ganz individuell: Einige belohnen sich mit einer Episode ihrer Lieblingsserie, andere mit einem Stück Schokolade. Wieder andere legen einen Geldbetrag zurück, um einer großen Belohnung in Form eines Urlaubs oder einer besonders schönen Anschaffung näher zu kommen. Oder vielleicht belohnst du dich auch mit einem genüsslichen Rekeln, einem zufriedenen Lächeln oder einem anerkennenden Klopfer auf deine Schulter. Du könntest dir deine Liste notieren, einspeichern oder sie im Handy unter deinen Notizen ablegen, sodass du immer darauf Zugriff hast, wenn du sie brauchst.

Kapitel 7: Am Ziel

Wir alle streben nach Zufriedenheit und Glück im Leben. Manchmal stehen wir uns dabei selbst im Weg. Du hast dir dieses Buch gekauft, weil du dieses Problem selbst erkannt hast – weil du bei dir selbst Denk- oder Verhaltensweisen wahrgenommen hast, die dir selbst nicht guttun. Inzwischen hast du gelernt, wie du neue, gesündere Gewohnheiten in vier einfachen Schritten etablierst.

1. Du bist den Ursachen alter Gewohnheiten auf den Grund gegangen. ✓
2. Du bist dir darüber bewusst geworden, was du wirklich willst. ✓
3. Du hast neue Gewohnheiten beharrlich wiederholt. ✓
4. Du hast dein Verhalten durch Belohnung positiv verstärkt und etabliert. ✓

Mit diesen vier kleinen Schritten kannst du eine große Wirkung erzielen, wie du inzwischen vielleicht selbst gemerkt hast. Du bist der Zufriedenheit in deinem Leben damit ein großes Stück näher gekommen, weil du jetzt weißt, dass du dein Glück selbst in der Hand hast! Herzlichen Glückwunsch!

Doch wie bei allen anderen schönen Dingen im Leben ist auch Zufriedenheit kein selbstverständlicher Zustand. Deine Bedürfnisse ändern sich im Laufe deines Lebens – so wie auch du dich änderst. Es wird darum immer wieder Situationen geben, in denen du unzufrieden oder gar unglücklich bist. Es wird immer wieder Phasen geben, in denen dich Selbstzweifel plagen. Deswegen lege ich dir ans Herz, dich am Ziel nicht auszuruhen, sondern ein Leben lang achtsam mit deinen Bedürfnissen und Wünschen umzugehen. Es lohnt sich, wenn du dir immer wieder deine eigenen Denk- und Verhaltensweisen anguckst. Frage dich dabei: Machen sie jetzt, in dieser Situation, in dieser Lebensphase noch Sinn? Machen sie mich glücklich? Bin ich noch zufrieden oder zweifle ich?

In diesem Kapitel möchte ich dir zeigen, was du für dein psychisches Wohlbefinden tun kannst. Es geht dabei um Aspekte wie Schlaf, Bewegung, Ernährung und Stressmanagement – alles Bereiche, die einen großen Einfluss auf Kopf und Körper haben. Zu jedem einzelnen dieser Themen gibt es natürlich unzählige eigene Ratgeber. Ich liefere dir hier eine kleine Sammlung an Tipps, die mir persönlich sehr wissenswert und hilfreich erscheinen, sozusagen eine Psychoedukation à la Miriam für deine tägliche Seelenhygiene. Denn im Grunde geht es darum, dass du ein Leben lang liebevoll auf dich selbst achtgibst.

»Psychoedukation« oder: Was du über deine Gesundheit wissen solltest

Im Yoga bedeutet ein gesünderer Umgang mit Körper und Geist vor allem, beides als Einheit zu betrachten. Diese Mind-Body-Philosophie besagt z. B., dass du, wenn du mit bestimmten Körperübungen deine Rückenschmerzen lindern kannst, auch geistig zufriedener sein wirst. Du musst nicht mehr darüber nachdenken, wo es überall zwickt und zwackt. Umgekehrt betrachtet, heißt das: Wenn du gestresst bist und dein Kopf voller Gedanken ist, kann sich auch dein Körper nicht entspannen. Du spürst möglicherweise eine Anspannung in den Schultern oder im Nacken. Diese Wechselwirkung zwischen Körper und Geist zu verstehen ist wichtig, wenn du dich und deine Gewohnheiten ändern willst, wenn du zufrieden und gesund sein möchtest. Es hilft nicht, nur am Körper oder nur am Geist zu arbeiten. Beides hängt zusammen.

Wenn du verstehst, was dich krank oder unzufrieden macht, kannst du besser dagegen angehen.

Wissen ist Macht, sagt der Volksmund. Und Wissen beruhigt, weil dir Zusammenhänge klar werden. Das spielt auch im Gesundheitswesen eine große Rolle. Im Bereich der Psychotherapie und Psychiatrie z. B. ist die sogenannte »Psychoedukation« ein wichtiger Bestandteil der Therapie. Der Begriff »Edukation« leitet sich vom lateinischen Wort »educare« bzw. »educo« ab, was so viel bedeutet wie »erziehen« oder »hinausführen«. Patient*innen und Angehörige werden aufgeklärt und dadurch quasi aus der Unerfahrenheit herausgeführt. Sie bekommen z. B. Informationen über Ursachen der Erkrankung oder vorbeugende Maßnahmen vermittelt. In der Psychoedukation geht es vor allem ums Verstehen und um selbstverantwortlichen Umgang. Aber wieso damit erst warten, bis man krank wird? Vorsorge ist besser als Nachsorge.

Auch ohne psychische Erkrankung ist es lohnenswert, zu wissen, was du für deine mentale Gesundheit, dein körperliches und damit auch für dein seelisches Wohlbefinden tun kannst. Niemand von uns will von Stress oder Ängsten aufgefressen werden. Deswegen werde ich dir – nachdem du dich so intensiv und erfolgreich mit deinem eigenen Verhalten und deinen Gewohnheiten beschäftigt hast – in diesem Kapitel beschreiben, wie du im Alltag weiterhin auf dich selbst achtgibst. Du wirst lernen, deine Seele zu streicheln.

Im Berufs- und Familienalltag sind wir oft gestresst, haben keine Zeit und verlieren unsere ureigensten Wünsche und Ziele schnell aus den Augen. Manchmal hast du vielleicht schlicht keine Zeit oder Energie, deine Gewohnheiten zu überprüfen und an dir und deinen Verhaltensmustern zu arbeiten.

Stress bringt die Zufriedenheit zur Strecke.

Auch hier sorgen kleine Veränderungen, kleine Routinen dafür, dass dir im Hamsterrad nicht gänzlich die Puste ausgeht. Kleine Stellschrauben machen einen großen Unterschied – für dein Immunsystem, also deine Gesundheit und Vitalität und damit auch für deine Psyche.

Alles was du isst, denkst, redest, tust, hat einen Einfluss darauf, wie du dich fühlst.

Du hast also die Möglichkeit, jede kleine Handlung in deinem Alltag zu einer kleinen Wellness-Einheit zu machen. Liegt ein stressiger Tag voller Arbeit und Termine vor dir, wirst du keine Zeit für einen ausgiebigen Saunabesuch oder eine wohltuende Massage haben. Betrachte deshalb alles, was du an einem solchen Tag isst, denkst, redest oder machst, als eine Mini-Chance, dir in diesem Moment etwas Gutes zu tun. Denk daran, dass deine inneren Kraftressourcen nicht unendlich sind und regelmäßig aufgefüllt werden müssen. In stressigen Zeiten verlieren wir diese Tatsache oft aus den Augen und ackern immer weiter, auch wenn wir uns leer und ausgelaugt fühlen. Oft erfinden wir dann auch noch Ausreden dafür: »Ich habe keine Zeit, Pausen zu machen!«, »Ich habe keine Zeit, auf meine Ernährung zu achten!«, »Ich habe keine Zeit, genügend zu schlafen!« Doch wenn du keine Zeit zum Auftanken hast, kommst du irgendwann nicht mehr weiter. Sorge zwischendurch also immer wieder gut für dein Energielevel. Nur wenn du Treibstoff im Tank hat, bist du gewappnet für den Stress und die Sorgen des Alltags. Mit mehr Energie wirst du mehr Begeisterung und Glück fühlen. Du kannst klarer und strukturierter denken und bist offen für Neues, offen fürs Leben.

Wer schläft, ist klar im Vorteil

Beginne mit der ersten Stellschraube in deinem Alltag: Schlaf. Wie wichtig Schlaf für den Organismus ist, siehst du daran, dass ein Mangel an Schlaf krank machen kann. Zunächst einmal bist du morgens vielleicht gereizt, tagsüber unkonzentriert und abends dann völlig übermüdet. Schlafmangel kann außerdem den Kohlenhydratstoffwechsel verschlechtern, Blutzuckerwerte erhöhen, die Produktion der Schilddrüsenhormone stören und die Werte des Stresshormons Cortisol im Blut ansteigen lassen.

Diese Veränderungen ähneln denen einer Zuckerkrankheit im Frühstadium. US-Forscher simulierten bei gesunden Studienteilnehmer*innen die Bedingungen von Schichtarbeit.[36] Die Proband*innen durften für die Dauer von drei Wochen lediglich 5,35 Stunden pro Nacht schlafen, und der Tag-/Nachtrhythmus wurde systematisch gestört, wie bei Schichtarbeit. Dabei kam heraus, dass nicht nur der Energiestoffwechsel aus dem Gleichgewicht geriet. Die Versuchspersonen versuchten ihren Schlafmangel und die daraus resultierende Müdigkeit mit erhöhter Kalorienzufuhr zu kompensieren. Mit anderen Worten, sie haben mehr gefuttert – bevorzugt fett- und kohlenhydratreiche Nahrung – und am

Ende sogar zugenommen. Schlafmangel wirkt sich aber nicht nur auf den Stoffwechsel und Hormonhaushalt aus, sondern auch auf die Psyche. Menschen, die über längere Zeit nicht genug schlafen, werden schreckhaft, misstrauisch oder reizbar. Das Gefühlszentrum im Gehirn kann dann nicht mehr zwischen unwichtigen und wichtigen Informationen unterscheiden. Selbst auf völlig neutrale Reize reagieren wir in der Folge emotional. Mit anderen Worten: Du kannst richtiggehend sozial unverträglich werden. Darum werden sogar die Zusammenhänge zwischen Schlafmangel und Einsamkeit erforscht.[37] Schlafmangel kann also gravierende gesundheitliche Folgen haben. Letztendlich verringert sich die Lebensqualität. Kein Wunder, dass Schlafentzug sogar als Foltermethode eingesetzt wird! Schlaf ist enorm wichtig – und zwar nicht nur das Einschlafen, auch das Durchschlafen und fit Aufwachen. Deswegen kommen hier ein paar Tipps für gesunden Schlaf.

Schlafe ausreichend

Laut Statistischem Bundesamt ist Schlafen ein Vollzeitjob. Deutsche verbringen durchschnittlich 8,22 Stunden täglich im Bett. Schlafmediziner empfehlen, nicht mehr oder weniger als sieben bis acht Stunden pro Nacht zu schlafen. Dabei kommt es natürlich auf dein individuelles Schlafbedürfnis an. Napoleon soll angeblich nur vier Stunden Schlaf gebraucht haben. Die restliche Zeit war er damit beschäftigt, Europa zu erobern. Albert Einstein wiederum soll täglich 14 Stunden an der Matratze gehorcht haben! Und trotzdem hat er es geschafft, die Physik mit seiner Relativitätstheorie zu revolutionieren. Letztendlich kommt es nicht darauf an, wie lange oder kurz du schläfst – Hauptsache ist, dass du dich morgens fit und ausgeruht fühlst. Deswegen:

Höre auf deine innere Uhr

Genauso individuell wie dein Bedarf an Schlaf-Stunden kann auch der ideale Zeitraum für deine Nachtruhe sein. Manche von uns sind »Eulen«, die abends bis in die Puppen aktiv sind, andere sind »Lerchen«, die früh schlafen gehen und beim ersten Sonnenstrahl senkrecht im Bett stehen. Meist gibt uns zwar der Wechsel von Tag und Nacht, Licht und Dunkelheit einen Rhythmus vor. Trotzdem haben wir im Laufe der Evolution auch einen sogenannten »endogenen Rhythmus« entwickelt. Wir alle haben eine innere Uhr. Diese interne Körperuhr ist ein kleiner Zellhaufen im Zwischenhirn namens Suprachiasmatic Nucleus, kurz SCN. Die Nervenzellen des SCN geben Signale zur Steuerung der Ruhe- und Aktivitätszeiten unserer Organe. Unsere innere Uhr registriert zwar, ob es dunkel oder hell ist – so kann sich der SCN immer an die aktuelle Umwelt anpassen, z. B. nach einer langen Flugreise in eine andere Zeitzone. Aber auch ohne äußere Einflüsse tickt die innere Uhr ca. im 24-Stunden-Takt weiter und diktiert dir, wann du abends müde oder morgens wach wirst. Deswegen brauchst du nach langen Reisen etwas Eingewöhnungszeit, um den Jetlag zu überwinden. Gerade dann merkst du, wie groß der Einfluss der inneren Uhr ist. Vermeide deshalb, gegen deinen Rhythmus zu schlafen oder zu arbeiten. Finde heraus, wie lange und wann du schlafen solltest. Folgst du regelmäßig deiner inneren Uhr und gehst zu einer festen Zeit ins Bett – vielleicht sogar am Wochenende oder im Urlaub –, kannst du ausgeruht und zufrieden in den Tag starten!

Spüre deine Bedürfnisse

Dabei geht es nicht nur darum, dass du herausfindest, wann und wie lange du schlafen solltest, sondern auch, was deinen gesunden Schlaf unterstützt. Was tut dir nach einem stressigen Arbeitstag gut, um vor dem Einschlafen runterzukommen? Hilft dir ein Treffen mit Freunden oder eher ein langer Abendspaziergang? Schaltest du eher beim Fernsehen oder beim Lesen ab? Wie wirken Alkohol oder Tee vor dem Einschlafen auf dich? Manche Menschen können nach einer anstrengenden Jogging-Einheit sofort schlafen, andere sind dann erst recht wach. Es geht darum, herauszufinden, welche Signale dir dein Körper sendet. Nimm diese Signale wahr und überdenke gegebenenfalls dein Verhalten. Das gilt auch, wenn du nicht einschlafen kannst oder nachts wach liegst. Hilft es dir, über die Probleme des Tages nachzugrübeln oder kann das bis morgen warten? Kreisende Gedanken oder To-do-Listen kannst du gut und gerne auf einem Zettel neben deinem Bett notieren. Dein Aufwachen kannst du übrigens genauso analysieren! Mir z. B. tut ein schriller Wecker morgens nicht gut. Wie ist es bei dir? Vielleicht brauchst du zehn Extra-Minuten nach dem Aufwachen, in denen du einfach nur aus dem Fenster guckst, bevor du unter die Dusche springst. Teste dich aus, finde heraus, was deine Schlafroutine zu einem nächtlichen Wellnessurlaub macht!

Achte auf eine gesunde Schlafumgebung

Mit ein bisschen Übung wirst du herausfinden, was dir abends vor dem Einschlafen guttut und was nicht. Schweres Essen, Alkohol oder Kaffee fördern meist nicht den Schlaf. Aber es kommt nicht nur auf dein Verhalten, sondern auch auf deine Schlafumgebung an. Vermeide Fernsehen, Lernen, Arbeiten oder gar Streiten im Bett. Reserviere das Schlafzimmer stattdessen fürs Schlafen und für die Liebe! Auch ein Wecker mit störender Leuchtanzeige muss nicht sein. Nachts ständig zu wissen, wie spät es ist, setzt dich nur unter Druck. Wenn du lichtempfindlich bist, dunkle dein Zimmer zusätzlich mit guten Jalousien oder dicken Vorhängen ab. Auch eine Schlafbrille kann verhindern, dass dich der erste Sonnenstrahl weckt. Außerdem gilt es, Lärm zu verbannen. Wenn deine Nachbarn oder die Straße zu laut sind, versuche es mit Ohrstöpseln. Woran du auf keinen Fall sparen solltest, ist natürlich eine vernünftige Matratze, auf der deine Wirbelsäule horizontal gelagert wird. Genauso wichtig ist eine gute Unterfederung. Das sorgt für ausreichend Durchlüftung. Denn der Mensch gibt nachts bis zu 700 Milliliter Feuchtigkeit ab!

Solltest du trotz aller Bemühungen morgens nur schwer in Gang kommen, sind hier noch ein paar Tricks für Morgenmuffel.

Lass den Wecker früher klingeln!

Klingt paradox, hat aber den Vorteil, dass du nicht sofort loshetzen musst. Außerdem bist du, wenn du dich 20 bis 30 Minuten früher wecken lässt als gewohnt, möglicherweise in einer anderen Schlafphase, in der dir das Wachwerden nicht ganz so weh tut. Denn deine morgendliche Befindlichkeit hängt stark davon ab, aus welchem Schlafstadium dich der Wecker gerade reißt. Mitten im Tiefschlaf hat es der Körper nun mal nicht so gern, gestört zu werden. Du fühlst dich unausgeruht und erschöpft, auch wenn du eigentlich lange genug geschlafen hast. Wirst du hingegen in einer Schlafphase geweckt, in der das Gehirn sowieso gerade ziemlich aktiv ist, fühlst du dich auch besser, als wenn du mitten aus dem Tiefschlaf gerissen wirst. Probiere es aus!

Lass Licht in dein Schlafzimmer

Gerade wenn du ein Morgenmuffel bist oder beim ersten Weckerklingeln einen regelrechten Schock erleidest, solltest du dein Schlafzimmer nachts nicht komplett verdunkeln. Lass die Jalousie oder die Vorhänge immer einen Spalt breit offen. Je früher am Morgen Tageslicht auf deine noch geschlossenen Augenlider fällt, desto eher stellt das Gehirn die Produktion des Schlafhormons Melatonin ein. Dein Kopf signalisiert deinem Körper, dass es langsam Zeit wird, munter zu werden. Vielleicht hilft dir auch ein Tageslichtwecker, der dich durch zunehmende Helligkeit sanft aufwachen lässt.

Rekle, dehne und strecke dich

Und zwar ausgiebig, am besten gleich, nachdem du wach geworden bist. Die Blutzirkulation wird dadurch angeregt. Oft musst du dabei automatisch gähnen. Der Körper holt sich frischen Sauerstoff für die Muskeln. Mach also das Fenster auf und gähne so genüsslich, dass im Hinterhof die Mülltonnen wackeln! Das bringt die Durchblutung des Gehirns und den Kreislauf in Schwung.

Probiere Wechselduschen

Kaltes Duschen ist natürlich nichts für Weicheier. Aber du kannst es trainieren. Dusche erst mal Füße, Beine, Oberkörper, Gesicht und Nacken warm ab, danach dann in gleicher Richtung mit kaltem Wasser. Wiederhole diesen Wechsel mehrmals. Das regt den Kreislauf und die Durchblutung an. Gib dir also schon morgens den ersten Kick!

Be smart, exercise your heart – Bewegung macht zufrieden

»Sport ist Mord«, sagt der Volksmund, weil es sich so schön reimt. War es der Legende nach nicht so, dass der griechische Laufbote Pheidippides, nachdem er von Marathon nach Athen gerannt war, um den Sieg über die Perser zu verkünden, vor Erschöpfung zusammenbrach und starb? Nun musst du ja nicht gleich einen Marathon laufen. Aber regelmäßige Bewegung in gesundem Maß hat viele positive Effekte. »Be smart, exercise your heart!« reimt sich nämlich auch. Dass Sport gesund für deinen Körper ist, weißt du sicherlich längst. Jede körperliche Aktivität löst verschiedene physiologische Vorgänge aus. Dein Herz pumpt schneller, Botenstoffe werden ausgeschüttet, die Körpertemperatur steigt, die Zellerneuerung wird angeregt, krankes Gewebe heilt, Erbsubstanz wird repariert, der Alterungsprozess verlangsamt, das biologische Alter gesenkt. Als besonders wirkungsvoll gelten Ausdauersportarten wie Joggen oder Schwimmen. Was neben den körperlichen Effekten für mich als Psychologin besonders spannend ist: Sport wirkt auch auf psychischer, emotionaler und geistiger Ebene. Bewegung verbessert deine Gehirnleistung, deine Stimmung und deine Fähigkeit zur Selbstwirksamkeit. Nachfolgend erfährst du, was das im Einzelnen bedeutet.

Sport macht das Gehirn fit

Sport hat kurz- und langfristig das Potenzial, deine kognitiven Fähigkeiten, also deine Gehirnleistung zu verbessern. Bewegung optimiert u. a. Gedächtnisleistung und Lernprozesse. Das wurde in der Parkinson- und Alzheimerforschung herausgefunden. Im Gehirn entstehen neue Nervenbahnen. Bewegung bringt also auch unsere Gedanken in Gang und weckt unseren Geist. Warum, ist bis heute noch nicht abschließend geklärt. Es wird angenommen[38], dass bei körperlicher Betätigung das Gehirn stärker durchblutet und dadurch besser mit Energie und Sauerstoff versorgt wird. Manchmal hast du nach dem Sport vielleicht sogar das Gefühl, klarer sehen oder besser denken zu können.

Ein Experiment der Universität Ulm zeigt, dass regelmäßige Bewegung das räumliche Denken und die Konzentrationsfähigkeit positiv beeinflusst.[39] Die 75 Testpersonen wurden in zwei Gruppen eingeteilt. Eine Gruppe trainierte 17 Wochen lang dreimal pro Woche ihre Ausdauer durch Lauftraining. Die Kontrollgruppe blieb auf der faulen Haut liegen. Verschiedene Tests vor, während und nach dem Experiment bestätigten, dass sich die räumliche Vorstellungskraft und Konzentrationsfähigkeit der Sport-Proband*innen im Gegensatz zur Kontrollgruppe deutlich verbessert hatten. Die fitteren Proband*innen zeigten eine schnellere und effizientere Reizverarbeitung. Die Forscher*innen gehen davon aus, dass regelmäßige körperliche Aktivität den Abbau des Botenstoffes Dopamin verlangsamt. Dieser körpereigene Stimmungsaufheller wird auch für wichtige kognitive Prozesse im Gehirn gebraucht. Sinkt der Dopaminspiegel, lässt die Konzentration nach. Wenn also Bewegung dazu führt, dass Dopamin langsamer abgebaut wird, macht Laufen dann etwa schlau? Jein, sagen die Forscher. Das Potenzial des Gehirns lässt sich durch Ausdauertraining zwar steigern, aber nur Laufen reicht leider auch nicht aus, um z. B. Vokabeln besser zu lernen.

Dafür kannst du durch Sport dein Gehirn vergrößern! Bewegung ist gewissermaßen der Dünger für das Wachstum unseres Gehirns. Sie führt dazu, dass der Körper Neurotrophine freisetzt. Das sind Baustoffe, mit denen Nervenzellen gebildet und Verbindungen zwischen bestehenden Zellen geknüpft werden. Ein solcher Stoff ist das Protein BDNF (von engl.: »Brain-derived neurotrophic factor«). Bei Menschen mit viel BDNF im Blut ist der Hippocampus größer als bei Menschen mit einem niedrigeren BDNF-Spiegel. Der Hippocampus dient der Steuerung unserer Affekte und unseres Gedächtnisses. Ohne ihn könnten wir uns nichts merken. Im normalen Alterungsprozess eines Menschen sterben zahlreiche Nervenzellen ab, der Hippocampus schrumpft und das Gedächtnis wird schlechter. Warum nicht dagegen anlaufen?

Sport ist gut für die Psyche

Die Forschung untersucht die Auswirkungen körperlicher Aktivität aber nicht nur im Hinblick auf die Gehirnleistung, sondern auch auf unsere Emotionen. Körperliches Training kann z. B. bei Depressionen ähnlich wirksam sein wie eine medikamentöse Therapie. Es wirkt dabei wie ein Antidepressivum. Symptome werden gelindert, die Stimmung verbessert und das Wohlbefinden gesteigert.

Das zeigt eine amerikanische Studie an über 200 depressiven Patienten und Patientinnen.[40] Die Versuchspersonen wurden in vier Gruppen aufgeteilt. Die erste Gruppe absolvierte dreimal pro Woche ein beaufsichtigtes Lauftraining. Die zweite Gruppe trainierte zu Hause ohne Aufsicht. Die dritte Gruppe bekam ein Antidepressivum, die vierte ein Placebo. Nach 16 Wochen waren die depressiven Symptome der ersten Gruppe etwas stärker rückläufig als in der Medikamentengruppe. Auch bei den Zuhause-Trainierer*innen besserte sich die Symptomatik, wenn auch nicht so ausgeprägt wie in der angeleiteten Sportgruppe.

Im Zusammenhang des psychischen Wohlbefindens durch Sport spielt auch das Thema Selbstwirksamkeit eine Rolle. Der amerikanische Psychologe Albert Bandura definiert Selbstwirksamkeit (*self-efficacy*) oder Selbstwirksamkeitserwartung (*self efficacy belief*) als den Glauben und die Zuversicht, mit den eigenen zur Verfügung stehenden Fähigkeiten einen Handlungsverlauf so zu organisieren und durchzuführen, dass ein gegebenes Ziel verfolgt werden kann. Wenn du also daran glaubst, durch dein Handeln etwas erreichen zu können, hast du eine hohe Selbstwirksamkeitserwartung. Du hast das gute Gefühl, gezielt Einfluss auf die Dinge nehmen zu können. Man spricht hier auch von »Kontrollüberzeugung« – einem Gefühl der Unabhängigkeit von äußeren Umständen, anderen Personen oder Zufällen. Das gibt dir Sicherheit. In Bezug auf sportliche Aktivität bedeutet das: Du kannst durch Training aktiv an und mit deinem Körper arbeiten. Gerade bei regelmäßigem Training wird deine Selbstwirksamkeit gestärkt, weil dich positive Trainingseffekte bestätigen. Dieses Gefühl, selbst etwas erreichen zu können, ist ein wesentlicher Faktor, was den Zusammenhang zwischen körperlicher Aktivität und allgemeinem psychischem Wohlbefinden angeht. Jetzt musst du nur noch raus aus der Komfortzone, runter von der Couch an die frische Luft! Damit du aber nicht wie der arme griechische Laufbote endest, ist es wichtig, eine Bewegungsart zu finden, die zu dir und deinen Bedürfnissen passt.

Finde deinen Sport

Das Gute ist: Bewegung fängt im Alltag an. Bewegen kannst du dich immer und überall. Ob du mit dem Rad zur Arbeit fährst oder ein paar Stationen eher aus dem Bus aussteigst, um den Rest des Weges zu Fuß zu gehen. Es geht nicht um sportliche Höchstleistungen, sondern um jede Treppe, die du der Rolltreppe vorziehst. Wohnungsputz, Gartenarbeit und Shoppingmarathon zählen als Alltags-Workout. Jede Minute, die du nicht träge auf deinem Hintern sitzend verbringst, zählt als Bewegung!

Du musst nicht unbedingt joggen gehen – versuche es stattdessen mit strammen Spaziergängen, indem du kurze alltägliche Wege zu Fuß zurücklegst. Du wirst dich wundern, wie weit man mit zwei gesunden Beinen so kommen kann! Wenn du dich nicht gerne allein bewegst, triff dich doch mal mit Freunden statt auf einen Kaffee auf eine Runde Federball im Park. Suche in der Bewegung eher den spielerischen, spaßigen als den trainierenden Effekt. Es gibt heutzutage gerade in Großstädten eine große Bandbreite von Fitnessangeboten, bei denen du mit nur einem Abo viele verschiedene Sportarten ausprobieren kannst.

Höre auf deinen Körper

Egal, welche Art der Bewegung du für dich entdeckst, lass es langsam angehen. Wenn du dich gleich zu Beginn überforderst, verlierst du schnell die Motivation. Du weißt ja: Immer schön einen kleinen Schritt nach dem anderen machen. Finde heraus, welche Trainingsintensität du brauchst. Arbeite dafür an deiner Körperwahrnehmung, denn dein Körper signalisiert dir, ob du beispielsweise gerade noch ein bisschen schneller laufen kannst oder lieber eine Pause machen solltest. Bist du müde oder unausgeglichen, gestresst oder hungrig? Auch das sagt dir dein Körper. Nur nehmen wir das im Stress des Alltags oft nicht oder nicht rechtzeitig wahr. Achtsamkeitsübungen wie etwa die Body-Scan-Methode helfen dir dabei, deine Körperwahrnehmung zu verbessern.

»Scanne« dafür jeden einzelnen Körperteil bewusst und konzentriert ab. Richte deine Aufmerksamkeit gezielt auf jeden einzelnen Bereich deines Körpers. Arbeite dich vom Kopf bis zu den Füßen vor und achte dabei auch auf minimale Empfindungen wie etwa ein leichtes Kribbeln auf der Kopfhaut oder eine dumpfe Schwere in der Brust. Nimm alles wahr, ohne es zu bewerten. Sag dir einfach: »Aha, da ist ein Kribbeln.« In manche Körperregionen wirst du dich leichter einfühlen können, in anderen merkst du vielleicht weniger. Darauf kommt es nicht an. Es zählt allein die Übung, in deinen Körper hineinzuhorchen.

Nimm dir den Druck

Wenn du häufig übst, auf das zu hören, was dir dein Körper so alles mitteilt, fällt es dir auch leichter, deinen Körper anzunehmen, wie er ist. Du musst nämlich nicht abnehmen! Du sollst dich nur wohlfühlen und zufrieden sein. Und das geht nur, wenn dich der Gedanke an Sport nicht quält. Gewinne Freude an der Bewegung! Guck dir kleine Kinder an, wie sie schier endlos den ganzen Tag herumtollen können, ohne müde zu werden. Kinder toben nicht, weil sie ihre Muskeln trainieren oder abnehmen wollen – Kinder spielen, weil es ihnen guttut und einfach Spaß macht. So sollte es auch beim Sport sein. Mach Bewegung nicht zum Leistungsdruck. Trainiere in einer Belastungsintensität, die weder zu hoch noch zu niedrig ist, und entwickle ein entspanntes Verhältnis zur Bewegung. Denn Bewegung ist etwas ganz Natürliches, das wir einfach nur verlernt haben.

Frage dich also, mit welchem Gefühl du Sport verbindest. Wenn Bewegung für dich mit Überwindung, Unlust und Antriebslosigkeit verknüpft ist, solltest du deine Motivation hinterfragen. *Glaubst* du, Sport treiben zu müssen, um Kilos zu verlieren? Oder *willst* du Sport machen, weil es dir guttut? Findest du für dich die richtigen Beweggründe, setzt du dich automatisch weniger unter Druck und hältst langfristig durch. Du wirst seltener ein schlechtes Gewissen haben.

Iss dich glücklich

Nahrung ist für deinen Körper wie der Treibstoff für den Motor deines Autos. Ohne Treibstoff fährt dein Auto nicht – ohne Energie durch Nahrung funktioniert dein Körper nicht. Und wie bei einem Auto ist es nicht egal, ob du Diesel oder Super tankst. Es kommt darauf an, was du isst – sogar wann und wie du isst. Denn Essen soll nicht nur gesund sein, sondern schmecken, Kraft geben und: glücklich machen. Ernährung hat nämlich nicht nur einen direkten Einfluss auf dein Energielevel, sondern auch auf deine Gemütslage. Wie Prof. Emeran Mayer von der University of California in einem Interview erklärt, werde die Ursache von psychischen Problemen nur selten an anderer Stelle als dem Kopf und Gehirn gesucht. Doch in Zukunft solle auch der Verdauungstrakt bei mentalen Auffälligkeiten mitbehandelt werden.[41] Er ist einer der führenden Forscher im Bereich der Neurogastroenterologie. Er untersucht also das Zusammenspiel zwischen Gehirn und Verdauung. Bestimmte Ernährungsmuster stehen im Verdacht, psychische Probleme zu fördern. Die Schulmedizin fragt sich, ob es sein kann, dass eine ungesunde Ernährungsweise unglücklich, sogar depressiv macht.

Viele Studien belegen, dass Menschen, die sich vollwertig mit frischer Kost ernähren, ein geringeres Risiko haben, an einer Depression zu erkranken, als Menschen, die sich überwiegend von Frittiertem, Weißmehlprodukten und Süßkram ernähren. Zwar ist das Ursache-Wirkungs-Prinzip nicht abschließend geklärt. Aber es gibt zumindest einen statistischen Zusammenhang zwischen Ernährung und depressiven Symptomen.[42]

Die Wirkung der Ernährung auf Körper und Geist ist sehr komplex. Die üblichen Ernährungstipps – viel Obst und Gemüse, Vollkornprodukte, mageres Fleisch, besser noch Fisch, pflanzliche Öle und alles bitte immer in Maßen – kennst du sicher. Ich möchte dir im Folgenden darum nur noch einige erstaunliche Dinge über die Wirkung von Ernährung auf dein psychisches Wohlbefinden näherbringen. Dabei gehe ich auf die Inhaltsstoffe von sogenanntem »Happy Food« ein, auf die Rolle des Magen-Darm-Trakts, auf Bakterien, das Thema Fasten und, nicht zu vergessen, auf den Genuss! Denn Essen soll Spaß machen. Du wirst sehen, welchen Einfluss Ernährung auf deine Zufriedenheit haben kann! Vielleicht motiviert die Aussicht auf gute Laune durch Essen dich ja noch zusätzlich.

Happy Food

Können Lebensmittel wirklich die Laune verbessern? Macht Schokolade glücklich? Theoretisch ja. Zumindest gibt es bestimmte Inhaltsstoffe in der Nahrung, die auf das Gehirn wirken. Der Neurowissenschaftler Fernando Gómez-Pinilla geht sogar so weit zu sagen, dass Nahrung in ihrer Wirkung auf das Gehirn einem pharmazeutischen Präparat vergleichbar sei.[43] Die schlechte Nachricht: Die Wirkung ist meist nur kurzfristig. Chemische Nahrungsbestandteile, die sich positiv aufs Gehirn und damit auf die Stimmung auswirken können, sind z. B. Tryptophan, Omega-3-Fettsäure, Folsäure, die Vitamine B3 und B6, Kalium oder aber auch Capsaicin in Ingwer oder Chili.

Tryptophan ist eine essenzielle Aminosäure. Das heißt, sie wird vom Körper nicht selbst gebildet, sondern muss über die Nahrung aufgenommen werden. Sie wird im zentralen Nervensystem benötigt, um das Glückshormon Serotonin herzustellen. Ein niedriger Serotoninspiegel ist eine Ursache für Stimmungsschwankungen und ein schlechtes Wohlbefinden. Ist zu wenig Serotonin im Gehirn vorhanden, läuft die Reizweiterleitung zwischen den Nervenzellen nicht mehr richtig ab. Deshalb solltest du sicherstellen, dass dein Körper ausreichend Tryptophan bekommt und dein Gehirn damit genügend Glückshormone. Tryptophan ist in Lebensmitteln immer an Proteine gebunden. Daher sind tierische und pflanzliche Lebensmittel mit hohem Eiweißgehalt zu empfehlen, wie Fisch, Fleisch, Eier oder Käse, außerdem Hülsenfrüchte, Nüsse und Getreide.

Auch *Omega-3-Fettsäuren* (z. B. in Hering, Lachs, Makrele, aber auch in Walnüssen und Kiwi) beeinflussen dein Gehirn und deine Stimmung positiv. Die Wissenschaft geht davon aus, dass die ungesättigten Omega-3-Fettsäuren, die der Körper nicht selbst herstellen kann, die Neuverschaltung von Nervenzellen, die sogenannte »Plastizität« des Gehirns fördern.[44] Wirken diese Fettsäuren etwa wie Medikamente gegen psychische Erkrankungen? Eine Extragabe der ungesättigten Fettsäuren über einen Zeitraum von acht Wochen innerhalb einer Studie linderte die Aggressivität und die depressiven Symptome von Patientinnen mit einem mittelschweren Borderline-Syndrom.[46] Aber Achtung bei gesättigten Fettsäuren, z. B. in Butter, Gebäck, Fastfood! Sie sind schwerer zu verdauen, verlangsamen den Stoffwechsel, sorgen für einen höheren Cholesterinspiegel im Blut und machen müde – und das, obwohl eine Kombination aus Fett und Kohlenhydraten wie in Pommes, Burgern oder Pizza oft glücklich macht. Evolutionär bedingt ruft diese Kombination einen Belohnungsmechanismus im Gehirn hervor. Denn unsere frühen Vorfahren hatten nur selten Fette und Kohlenhydrate in rauen Mengen zur Verfügung. Wenn doch, führte das zu einem Glücksgefühl. Das ist auch heute noch so, auch wenn wir uns eigentlich viel zu fettig ernähren.

Ein weiterer unerlässlicher Baustein für die psychische Gesundheit ist *Folsäure.* Ein Mangel kann zu neurologischen Störungen führen. Eine Studie zeigte, dass die zusätzliche Einnahme von Folsäure über einen Zeitraum von drei Jahren dazu beitragen kann, den altersbedingten Rückgang der Gehirnleistung zu verringern.[47] Folsäure ist in grünen Pflanzen wie Spinat und Kohl, aber auch in Orangensaft und Hefe enthalten. Das Vitamin ist empfindlich gegen Hitze, Licht und Sauerstoff. Daher solltest du folsäurehaltige Produkte schonend verarbeiten.

Weitere Lebensmittel, die glücklich machen können, sind Chilis und Ingwer. Durch die Schärfe werden Nerven gereizt und im Gehirn Endorphine freigesetzt. Und natürlich macht auch Schokolade glücklich. Schokolade wird zum Trost oder zur Belohnung verspeist. Dein Gehirn hat diese Verbindung abgespeichert und reagiert über das Belohnungszentrum mit einer Dopaminausschüttung. Allein der Genuss eines Lebensmittels, das du liebst, aktiviert diesen Mechanismus. Du hast dich glücklich gegessen – wenn auch die Wirkung der Glückshormone nicht lange anhält.

Magen-Darm-Trakt: zufriedener Darm, glücklicher Mensch

Was passiert aber während der Verdauung mit diesen glücklich machenden Bestandteilen unserer Nahrung? Viele Neurogastroenterologen sind überzeugt: Stimmungen entstehen nicht nur im Kopf, sondern auch im Bauch. Das Nervensystem des Darms ist nach Gehirn und Rückenmark eines der wichtigsten Nervensysteme unseres Körpers. Über 100 Millionen Nervenzellen in der Darmwand senden – vor allem über den Vagus-Nerv – Signale direkt in die Gefühlszentren des Gehirns. Unsere Gemütslage wird also auch vom Darm beeinflusst. Die Aufgabe des Darms ist es damit nicht nur, Nährstoffe in die Blutbahn zu bringen, sondern auch, dem Gehirn Feedback zu geben, wenn etwas nicht stimmt. Vielleicht kennst du das Gefühl, »hangry« zu sein (hungry/hungrig + angry/wütend = hangry). Hunger kann ganz schnell schlechte Laune machen. Letztendlich ist er das Signal deines Verdauungstraktes, bitte möglichst rasch etwas an diesem Zustand zu ändern. Auf der anderen Seite signalisiert der Darm nach vollzogener Nahrungsaufnahme auch: »Ich bin satt, vielen Dank für die Aufmerksamkeit!« Das Gehirn registriert Zufriedenheit. Wie eng Darm und Gefühlszentrum miteinander verbunden sind, zeigt die sogenannte »Vagusnervstimulation« – eine in den USA zugelassene Behandlungsmethode gegen Depressionen. Eine elektrische Stimulation des Nervs, der Bauch und Kopf miteinander in Kontakt bringt, kann selbst bei Menschen mit therapieresistenter Depression die Stimmung aufhellen. In der Forschung wird außerdem beobachtet, dass bei depressiven Menschen die Darmhormone durcheinandergeraten sind, die mit Sättigung und Appetit zusammenhängen. Ob das allerdings Ursache oder Folge gedrückter Stimmung ist, konnte bislang noch nicht geklärt werden.

Auf alle Fälle aber lohnt es sich, wenn du es – Schritt für Schritt – zu einer guten Gewohnheit machst, auf eine regelmäßige Nahrungsaufnahme zu achten und dabei Dinge zu dir nimmst, die deinem Körper und Geist guttun.

Bakterien – sie sprechen zu uns!

Auch die Darmflora könnte für Glück oder Unglück mitverantwortlich sein. Die mehr als eine Billion Mikroorganismen im Darm, die zusammen ein bis zwei Kilogramm wiegen, werden bezüglich ihrer Wirkung auf die Stimmung diskutiert. Diese Bakterien kommunizieren mithilfe von Signalstoffen über die Nerven der Darmwand mit ihrem menschlichen Wirt, also mit dir. Die

Nerven der Darmwand leiten die Botschaften über den Vagus-Nerv ins Gehirn. Lässt sich also die Stimmung über die Darmbakterien beeinflussen? Vielleicht. Bei Versuchspersonen einer britischen Studie verbesserte sich nach Einnahme eines speziellen probiotischen Milchgetränks über einen Zeitraum von drei Wochen vor allem die Gemütslage derjenigen, die vorher schlechter Stimmung waren.[48]

Weniger essen ist mehr: Entlasten durch Fasten

Manchen Menschen hilft es, den Darm durch Fasten kurzzeitig zu entlasten. Die Heilfastenmethode nach Buchinger sieht eine vorübergehende Ernährung ausschließlich mit Gemüsesäften und klarer Brühe vor – die Menge der aufgenommenen Kalorien liegt dabei bei ca. 250 Kilokalorien pro Tag. Vier- bis 21-tägiges Fasten auf diese Weise senkt Blutdruck, Blutzucker sowie Blutfettwerte und hat eine Steigerung des körperlichen und seelischen Wohlbefindens zur Folge. Fasten-Fans sprechen sogar von einem regelrechten Fastenschub, einem Stimmungshoch, das während einer Fastenperiode eintreten kann. Beim Fasten schüttet der Körper stimmungsregulierende Botenstoffe wie Endorphine, Dopamin oder Serotonin aus. Diskutiert wird, ob das ein Trick des Gehirns ist, um uns zu motivieren, auf Nahrungssuche zu gehen, statt schlecht gelaunt und schlapp im Bett zu liegen. Länger als ein paar Tage solltest du ohne ärztliche Aufsicht aber nicht auf feste Nahrung verzichten. Doch eine kurzzeitige, drastische Reduzierung der Nahrungszufuhr kann eine Art »Reset« sein, nach dem du mit neuen, gesünderen Ernährungsgewohnheiten starten kannst.

Ernährung ist Genuss

Essen nährt nicht nur deinen Körper, sondern auch deine Psyche. Dabei spielt der Genuss vermutlich die größte Rolle. Dass Essen nicht einfach nur Nahrungsaufnahme ist, hast du beim ersten Schluck Muttermilch gelernt. Schon als Baby bringen wir Ernährung mit positiven Gefühlen in Verbindung. Ernährung bedeutet Nähe, Liebe und Zuwendung. Diese Zuwendung kannst du dir auch selbst zuteilwerden lassen, indem du wieder lernst zu genießen. Im stressigen Alltag haben wir oft keine Zeit für ruhige, ausgiebige Mahlzeiten. Wir genießen unser Essen nicht, sondern schaufeln es in uns hinein, weil nach der Mittagspause wieder ein Haufen Arbeit wartet. Deswegen ist es umso wichtiger, in der freien Zeit das Essen zu zelebrieren! Nimm dir Zeit für eine achtsame Zubereitung deiner Speisen, koche mit Freunden oder höre dabei deine Lieblingsmusik. Lass das Kochen zum Ereignis werden. Richte deine Mahlzeiten sorgfältig auf dem Teller an. Auch eine angenehme Atmosphäre beim Essen sorgt für mehr Genuss. Hole Tischdecken und Stoffservietten nicht nur aus dem Schrank, wenn die Schwiegereltern zu Besuch sind. Mach es dir selbst schön. Dekoriere den Tisch mit Kerzen und zelebriere das Essen mit Dankbarkeit. Mach dir vor dem ersten Bissen bewusst, wie viel Arbeit in jeder einzelnen Mahlzeit steckt: vom Saatkorn über die Ernte und das Einkaufen bis hin zur Zubereitung.

Zu einer bewussten Ernährung gehört nämlich nicht nur, *was* du isst, sondern auch *wie* du isst. Wie du gesehen hast, kann Ernährung mit darüber entscheiden, ob es dir seelisch gut oder schlecht geht. Die Verbindung zwischen Kopf und Bauch verdeutlicht sich nicht umsonst in Redensarten. Während die Liebe durch den Magen geht, schlagen schlechte Nachrichten auf den Magen und müssen erst einmal »verdaut« werden. Natürlich beschert ungesunde Ernährung allein dir noch keine Depression. Daran sind viele andere Faktoren beteiligt, wie etwa genetische Veranlagung und Umwelteinflüsse. Auf diese Faktoren haben wir aber meist ohnehin keinen Einfluss. Auf die Ernährung schon. Durch gesunde Ernährung kannst du dein Wohlbefinden gezielt unterstützen. Guten Appetit!

Was Stress mit dir macht vs. was du mit Stress machst

Hast du manchmal den Eindruck, dass du nur noch To-do-Listen abarbeitest, zu denen, sobald du etwas erledigt hast, direkt etwas Neues hinzukommt?! Stress ist das Hauptkennzeichen unserer modernen Leistungsgesellschaft. Du jagst von einem Termin zum anderen, versuchst Familie, Freunde und Job unter einen Hut zu bekommen und hoffst auf Wertschätzung deiner Leistung. Aber da alle um dich herum ebenfalls gestresst sind, fällt Stress als Problem oft gar nicht auf. Stress ist ein Statussymbol – wer Stress hat, hat viel zu tun, ist also wichtig. (Tatsächlich allerdings bist kein bisschen weniger wichtig, wenn du keinen Stress hast.) Stress ist fast ein Normalzustand geworden. Dabei ist er evolutionsbedingt eigentlich für Ausnahmesituationen reserviert! Hormone wie Adrenalin und Cortisol bereiten den Körper auf Notfallsituationen vor, der Puls beschleunigt sich, der Blutdruck steigt, Muskeln spannen sich an, die Sinne sind geschärft – die sogenannte »Kampf-Flucht-Reaktion« ist als Schutzmechanismus gedacht, um in bedrohlichen Situationen reflexhaft reagieren zu können und dadurch das Überleben zu sichern. Das ist beispielsweise sehr hilfreich, wenn dir jemand die Vorfahrt nimmt und du blitzschnell bremsen kannst. Stress sorgt also dafür, dass du unter

Druck über dich hinauswächst. Das erfordert allerdings einen hohen Energieeinsatz und ist deshalb immer nur für einen begrenzten Zeitraum gesund.

Chronischer Stress macht krank. Zu den sogenannten »Stressfolgeerkrankungen« zählen u. a. Herz-Kreislauf-Erkrankungen, Rückenschmerzen, Magengeschwüre, Schlafstörungen, Asthma, chronische Kopfschmerzen und Depressionen. Stress kann auch zu Abhängigkeiten führen. Denn gestresste Menschen neigen oftmals zu gesundheitsschädigendem Verhalten.

Es scheint, als sei unser Nervensystem nicht auf die Stressfaktoren des 21. Jahrhunderts ausgelegt. Im Sommer 2016 befragte das Meinungsforschungsinstitut Forsa im Auftrag der Techniker Krankenkasse zu ihrer Stressbelastung. Ein Ergebnis der Umfrage war: Fast jeder Dritte fühlt sich oft ausgebrannt. Und das hat auch Auswirkungen auf das generelle Wohlbefinden und die seelische Gesundheit. Von den häufig Gestressten hatte fast jeder Zweite in den zurückliegenden drei Jahren psychische Beschwerden, bei den manchmal Gestressten waren es 16 Prozent.[49]

In der Stressforschung beschreibt der Begriff »Stress« die Bedrohung des inneren Gleichgewichts – sowohl durch innere als auch äußere Störreize, sogenannte Stressoren. Äußere Aspekte können z. B. Arbeitsbelastung, Hektik, Prüfungsdruck, Lärm, Einsamkeit oder finanzielle Sorgen sein. Stress wird oft durch Dinge verursacht, auf die wir meinen, keinen direkten Einfluss zu haben. Vielleicht glaubst du, dass durch die Lösung eines Problems der Stress verschwindet. Doch in Wahrheit stehen wir im Leben immer wieder vor neuen Herausforderungen. Die Frage ist, wie du damit umgehst. Der Druck kommt also nicht nur von außen, sondern auch von dir selbst. Deine Wahrnehmung von Stress und deine Reaktion darauf kannst du ändern. Ich spreche im Folgenden kurz ein paar Strategien und Techniken an, die dir helfen, ein Bewusstsein dafür zu entwickeln, wann du gestresst bist und dich gezielt zu entspannen. Vielleicht entdeckst du ja auch JOMO für dich. JOMO steht für »Joy of Missing Out« – die Freunde daran, auch mal Dinge zu verpassen. Denn du kannst nicht auf allen Hochzeiten gleichzeitig tanzen. Stress sollte eine Ausnahme- und kein Dauerzustand sein.

Stressauslöser erkennen und abstellen

Nur wenn du deine eigenen Stressauslöser genau kennst, kannst du lernen, gezielt mit ihnen umzugehen. Viele Faktoren, die dir Stress bereiten, sind vermeidbar. Gegen Zeitdruck bei der Arbeit hilft es z. B., deine Termine großzügiger zu planen und deinen Arbeitstag besser zu strukturieren und auch mal Nein zu sagen. Oft neigen wir dazu, uns zu wenig Raum und Zeit für das Erledigen von wichtigen Aufgaben einzuräumen. Wenn du dazu neigst, deinen Terminplaner vollzuknallen, versuche zu priorisieren – übe, wichtige von unwichtigen Aufgaben zu unterscheiden. Das Gleiche gilt für Informationen. Musst du immer und überall wirklich alles wissen, alle Reize und Informationen auf dich einprasseln lassen? Oder hilft es, auch dabei zu selektieren und den einen oder anderen Newsfeed abzustellen. Stresst dich Telefon- und Handyklingeln, stelle es ab, wenn du bei einer wichtigen Aufgabe nicht gestört werden willst – oder wenn du Feierabend hast.

Stressoren gibt es natürlich nicht nur im Arbeitsalltag. Auch zwischenmenschliche Beziehungen können manchmal ziemlich aufreibend sein. Versuche, dich von Menschen abzugrenzen, die unzumutbare Erwartungen an dich haben. Unfruchtbare Diskussionen kannst du jederzeit abbrechen, wenn sie nicht zum Ziel führen, sondern dir wertvolle Kraft rauben. Menschenmengen in

Bus und Bahn oder stressige Staus kannst du vermeiden, indem du auch mal zu Fuß gehst oder das Rad nimmst.

Auch bei deinen inneren Stressoren solltest du genau hinschauen. Liegt die Ursache für Stress in dieser oder jener Situation vielleicht an deinem Perfektionismus? Hast du zu hohe Ansprüche an dich selbst und andere? Sind deine Befürchtungen und Ängste gerechtfertigt oder überzogen? Selbst wenn du die Ursachen für deinen Stress nicht abstellen kannst, etwa, weil du deinen Job nicht kündigen oder Stress, Hektik und alle anstrengenden Mitmenschen gleich komplett aus deinem Leben verbannen kannst, ist es dennoch möglich, daran zu arbeiten, wie du mit Stress umgehst.

Stress lindern durch Entspannung

Es gibt verschiedene Entspannungsverfahren, die dich dabei unterstützen, dein Stresslevel zu senken und mehr Gelassenheit zu entwickeln. Ich spreche sie im Folgenden nur kurz an; für weitergehende Informationen findest du zu allen Verfahren eine gute Auswahl an Büchern. Finde heraus, welches am besten zu dir passt. Und integriere dein neues Wissen dann mithilfe der Techniken zur Etablierung neuer Gewohnheiten, die du in diesem Buch gelernt hat, in kleinen Schritten in deinen Alltag. Zu wissen, wie du mit Stress gut umgehst und dich wirksam entspannst, wird spürbar mehr Zufriedenheit in dein Leben bringen.

Achtsamkeit ist heute in aller Munde. Auch in diesem Buch hast du schon etwas über Achtsamkeit gelernt. Achtsamkeit ist das Bewusstsein für den jeweiligen Moment, das Sein im Hier und Jetzt – ohne Bewertungen, frei von Vergleichen.

Der amerikanische Molekularbiologe Jon Kabat-Zinn entwickelte schon Ende der 1970er-Jahre aus buddhistischer Meditation, Yoga und Zen ein Programm namens »Achtsamkeitsbasierte Stressreduktion« (Mindfulness-based Stress Reduction, kurz MBSR). Dieses Verfahren soll helfen, besser mit Stress umzugehen. Es bestand ursprünglich aus einer Sitzmeditation, einer Körperübung (vgl. dazu den Absatz »Body-Scan« weiter oben) und Yogaelementen. Täglich praktiziert, soll MBSR wirksam gegen Stress, Angst- und Depressionssymptome sein sowie den Blutdruck, Blutzucker- und Stresshormonspiegel senken. Diese Vorteile macht man sich auch in der Psychotherapie zu Nutzen – mit der Mindfulness Based Cognitive Therapy, kurz MBCT, einer achtsamkeitsbasierten kognitiven Therapie. In ihr geht es darum, Gedanken erst gar nicht als negativ zu bewerten, sondern sie einfach neutral wahrzunehmen und anzunehmen. Dadurch verschwinden die Gedanken, Sorgen und Ängste natürlich nicht einfach, aber sie verlieren ihre negative »Ausstrahlung«. Sie werden umbewertet, als eine Art Ist-Zustand, der vorbeigehen kann. So lernst du, dich selbst und deine Umgebung zu akzeptieren. Beim Achtsamkeitstraining geht es u. a. darum, Problemen mit Neutralität statt mit Emotionalität zu begegnen. Diese Fähigkeit reduziert Stress und bringt dir mehr Gelassenheit – auch in Krisensituationen.

Du kannst diese Fähigkeit auch durch *Meditation* lernen. Meditationspraktiken sind kein spiritueller Humbug, sondern ein Teil der Achtsamkeit und zeigen sogar physische Auswirkungen. Hirnareale, die für Aufmerksamkeit, die Regulation von Emotionen, Gedächtnis, Konzentration und die Körperwahrnehmung zuständig sind, scheinen bei Meditierenden zu wachsen.

Während einer Meditation versorgst du durch aktives, bewusstes Atmen dein Gehirn und den gesamten Körper mit mehr Sauerstoff. Dein Puls sinkt, dein Stress nimmt ab. Du kommst mehr ins

Spüren als ins Denken und wirst dir generell bewusster darüber, was eigentlich in deinem Körper vorgeht. Für Anfänger gibt es verschiedene Apps mit angeleiteten Meditationen, die den Fokus gezielt auf bestimmte Themen richten, wie Konzentration, Glück, Gelassenheit, Zufriedenheit – aber auch auf Themen wie Frustration, Wut, Trauer, Angst, Einsamkeit und eben Stress.

Den *Body-Scan* habe ich weiter oben bereits erklärt. Die positive Wirkung dieser Entspannungstechnik beruht darauf, dass du Körperteile, die du bewusst wahrnimmst, besser entspannen kannst. Nimmst du dir bewusst Zeit, dich selbst zu spüren, ist das ein Zeichen für deinen Organismus, dass die »Gefahr«, der Stress vorbei ist. Du gibst deinem Körper quasi Entwarnung. Das fördert die Entspannung und die Regeneration.

Auch hierbei geht es darum, die Haltung eines objektiven Beobachters einzunehmen. Begegne dir dabei erst einmal auf der körperlichen Ebene und nimm so Kontakt zu dir auf.

Im Internet, z. B. auf YouTube, findest du zahlreiche geführte Body-Scan-Meditationen. Probiere die Technik einmal aus und sag dem kleinen rechten Zeh hallo!

Wenn es dir schwerfällt, dich auf einzelne Körperteile zu konzentrieren, kannst du es mal mit *Atemübungen* versuchen. Denn dein Atem ist sowieso immer da. Er geschieht so wunderbar nebenbei, dass du ihm im Alltag keine große Beachtung schenken musst. Dabei ist er es wert, auch mal Objekt deiner Konzentration zu sein. Schließlich hält er dich am Leben. Beim Thema Entspannung ist deine Atmung ein zentraler Aspekt.

Eine bewusst verlangsamte Atmung kann Wunder wirken, um Stress zu lösen, weil du dich dabei ausschließlich auf deinen Körper konzentrierst. Andere Gedanken haben dabei keinen Platz im Kopf. Hier sind vier einfache Atemübungen.

1. **Den Atem beobachten**
   Frage dich: Wo spürst du den Atem zuerst – vielleicht an dem winzigen Punkt zwischen deinen Nasenlöchern? Wo spürst du ihn am meisten – hebt und senkt sich deine Bauchdecke? Ist der Atem kalt oder warm? Nimm für den Anfang einfach nur die Bewegungen deines Körpers wahr, lass den Atem fließen und versuche nichts zu verändern. Manchmal reicht dieses kurze In-dich-Reinhorchen schon aus, um dich kurz zu entspannen.

2. **Bauchatmung**
   Vielleicht hast du es bei der Beobachtung deines Atems gemerkt: Im Alltag nutzt du eher selten dein volles Atemvolumen aus. Wir atmen meist flach und überwiegend in den Brustbereich. Dabei ist das flache, kurze Atmen eigentlich für Gefahrensituationen gedacht. Das Herz beginnt dabei schneller zu schlagen, die Blutgefäße weiten sich und Stresshormone werden ausgeschüttet. Dadurch kannst du sehr viel schneller reagieren als im Ruhemodus. Wenn du aber den ganzen Tag wie ein Jäger auf der Pirsch atmest, kann das auf Dauer zu Konzentrationsschwierigkeiten und Kopfschmerzen führen. Dein Körper ist so programmiert, dass er dich erst dann wieder tief Luft holen lässt, wenn die Anspannung vorbei ist. Vielleicht sogar mit einem Seufzer. Versuche darum in stressigen Situationen tief in den Bauch zu atmen statt kurz und flach. Leg dafür deine Hände auf den Bauch und spüre dabei in den Handflächen, wie sich deine Bauchdecke hebt. Beim Ausatmen stell dir vor, dass deine Hände schwer sind, und nimm wahr, wie sich dein Zwerchfell zurückzieht.

3. **Beeinflussung des Atems**
   Wenn du geübt hast, deinen Atem zu beobachten und auch mal bewusst tief in den Bauch zu atmen, kannst du noch einen Schritt weiter gehen. Um dich in stressigen Situationen schnell zu beruhigen, hilft es, die Ausatmung zu verlängern. Versuche dazu, deine Atemzüge bewusst zu intensivieren, indem du beim Ein- und Ausatmen jeweils bis fünf zählst. Wiederhole das ein paarmal. Das kannst du sogar beim Spazierengehen oder auf dem Weg zur Bahn üben. Nutze deine Schritte als Zählmaß. Anschließend versuche doppelt so lange aus- wie einzuatmen: Zähle beim Einatmen bis fünf und beim Ausatmen bis zehn. Das beruhigt dich, deine Anspannung lässt nach. Es funktioniert übrigens auch umgekehrt: Wenn du länger ein- als ausatmest, nimmst du mehr Sauerstoff auf und regst den Kreislauf an – du tankst neue Energie, wirst wacher und konzentrierter.

4. **Nasenwechselatmung**
   Hierbei atmest du wechselseitig durch je ein Nasenloch ein und durch das andere wieder aus. Lege dafür deinen Zeigefinger auf den Punkt zwischen deinen Augenbrauen und verschließe mit dem Daumen und dem Mittelfinger abwechselnd jeweils ein Nasenloch. Atme z. B. durch das linke Nasenloch ein, halte die Luft kurz an und atme dann durch das rechte Nasenloch wieder aus. Halte den Atem und atme dann durch das rechte Nasenloch wieder ein, um anschließend den Atem durch das linke Nasenloch ausströmen zu lassen. Danach atmest du wieder mit links ein usw. Wiederhole den Vorgang einige Mal. Lass deinen Atem dabei immer ruhiger werden.

Wenn du grundsätzlich viel Stress hast, helfen Atemübungen natürlich nur kurzzeitig. Vielleicht brauchst du dann systematische Entspannungsverfahren, wie z. B. die *progressive Muskelentspannung nach Jacobson.* Dabei lockerst du deinen Körper durch wechselndes An- und Entspannen bestimmter Körperbereiche. Besonders praktisch ist, dass sich die Entspannung von Muskelgruppe zu Muskelgruppe überträgt und schließlich den gesamten Körper erfasst. Daher auch die Bezeichnung »progressive«, also fortschreitende Muskelentspannung. Positive Effekte sind ein sinkender Blutdruck, ein verlangsamter Puls und ein ruhigerer Atem.

Im *Autogenen Training* lernst du, dich durch wiederkehrende Suggestionen zu entspannen. Diese Methode erfordert allerdings ein bisschen mehr Übung und gegebenenfalls auch mehr Anleitung von außen als die progressive Muskelentspannung. Entwickelt wurde diese Entspannungsmethode vom Arzt Johannes H. Schultz. Autogenes Training ist quasi eine Art Selbsthypnose, die dein vegetatives System beruhigt. Durch gedankliche Konzentration werden z. B. Pulsschlag und Atmung in einen Ruhezustand versetzt.

Im Sitzen oder Liegen leitest du deine Gedanken mit bestimmten Formeln und Vorstellungen. Zu den Grundübungen gehört z. B. die Herzübung. Dabei wiederholst du gedanklich immer wieder die Formel »Mein Herz schlägt ganz ruhig und gleichmäßig«. Indem du dich darauf konzentrierst, beruhigt sich dein Herzschlag. Bei der Schwereübung wiederum stellst du dir vor, dass dein gesamter Körper bleischwer wird und im Boden versinkt. Ein Gefühl von Erdung und Ruhe stellt sich ein, wenn du dir immer wieder suggerierst, »Ich bin ganz schwer«.

Natürlich gibt es noch unzählige andere Entspannungstechniken, wie etwa die moderne Hypnose oder das Biofeedback. Aber die kannst du nicht so ohne Weiteres selbst oder mithilfe von Apps oder Online-Anleitungen praktizieren. Zum Schluss möchte ich dir noch JOMO näherbringen. Schon allein die Tatsache, dass es diesen Namen gibt, zeigt, dass wir mit unserem Stress nicht allein sind. Und das kann ja auch manchmal schon den Druck nehmen.

FOMO vs. JOMO – einfach mal was verpassen

Dein Handy ist ständig an, du checkst alle paar Minuten deine Mails oder den Newsfeed aller Social Media-Kanäle, du bist Bürger in Digitalistan? Auch das kann Stress, sogar Angst verursachen. Hinter dem ständigen Online- oder Erreichbarsein kann das »Fear Of Missing Out«-Phänomen stecken – kurz FOMO: die Angst, etwas zu verpassen, nicht auf dem Laufenden zu sein. FOMO entspringt ein Stück weit auch aus der Befürchtung, nicht dazuzugehören. Gruppenzugehörigkeit ist ein menschliches Bedürfnis. Wir sind Herdentiere.

Der Verhaltensforscher Dan Ariely von der Duke University beschreibt FOMO als die Angst, falsche Entscheidungen darüber zu treffen, wie man seine Zeit verbringt, und sich damit die besten Erfahrungen entgehen zu lassen.[50] Verpasst du die tolle Party, auf der all deine Freunde waren und verstehst danach die Insider-Gags nicht, die offenbar auf der Feier entstanden sind, fühlst du dich vielleicht ausgeschlossen. Daran knüpft die Frage an: »Was wäre, wenn ich doch zu der Party gegangen wäre?« Das dazugehörige Gefühl heißt Zweifel. Und Zweifel über einmal getroffene Entscheidungen macht dich unsicher. Reue ist die Folge. Noch so ein unangenehmes Gefühl. Die berühmte Qual der Wahl macht es dir heutzutage nicht gerade leichter, Entscheidungen zu treffen. Du hast einfach zu viele Möglichkeiten, die du unmöglich alle wahrnehmen kannst. Soziale Netzwerke können der Kern deiner Angst sein, etwas zu verpassen. Das Resultat sind ständige Unruhe und die Unfähigkeit, Dinge zu genießen.

Dagegen hilft, dir darüber bewusst zu werden, dass du nicht überall gleichzeitig sein kannst. Möglichkeiten sind auch dazu da, sie nicht zu nutzen. Es sind eben nur Möglichkeiten. Du musst nicht jeden Trend mitmachen, du musst nicht jedes virale Video kennen, du musst nicht auf jeder Party, jedem Konzert und jeder Hochzeit tanzen – und kannst trotzdem oder gerade deswegen Spaß haben! Darum geht es bei der Gegenbewegung von FOMO: JOMO – Joy of Missing Out – der Spaß, mal nicht dabei zu sein. Du überlebst nämlich auch offline, schließlich gibt es auch ein analoges Leben. (Das merkt man oft erst, wenn nach einem Umzug der Telefontechniker sechs Wochen auf sich warten lässt.)

Das Zauberwort, sowohl bei unliebsamen Gewohnheiten als auch bei Stress, heißt Eigenverantwortung. Du verfügst über genügend Stellschrauben, an denen du drehen kannst, um etwas zu ändern. Auch wenn du deinen Stress nicht ganz abstellen kannst, kannst du ihm doch die Stirn bieten, indem du immer wieder etwas für deine Entspannung tust. Und zwar aktiv! Obwohl Entspannung doch so passiv klingt … Aber es lohnt sich, deiner Entspannung genauso viel Aufmerksamkeit zu widmen wie dem Ablegen von unliebsamen Gewohnheiten. Denn Letzteres wird dir viel leichter fallen, wenn du es entspannt angehst!

Nutze die kleinen Möglichkeiten im Hier und Jetzt

Hier ist eine Liste mit kleinen Schritten, die große Wirkung haben. Wenn du sie regelmäßig anwendest, werden sie zu Gewohnheiten und laufen automatisch ab. Dann sind sie richtig integriert.

Los geht's! Vervollständige diese Liste, wann immer es geht. Kurze Erinnerung an den Perfektionisten in dir: Diese Aufgabe ist niemals vollendet, und das ist okay.

1. Bewege dich mehr. Mache mehr Spaziergänge, Dehnungen und Bewegungen, die dir Spaß machen. So klein die Bewegung auch sein mag.
2. Trinke kurz nach dem Aufstehen ein großes Glas Wasser mit dem frisch gepressten Saft einer halben Zitrone.
3. Trinke zum Frühstück einen grünen Smoothie (z. B. mit Banane, Pfirsich, Avocado und Spinat).
4. Trinke regelmäßig selbst gemachte grüne Gemüsesäfte (z. B. mit Gurke, Grünkohl, Sellerie, Karotten, Limette und Ingwer). Trinke statt Kaffee grünen Tee oder Kräutertee. Das Koffein im Kaffee raubt dem Körper Energie und erhöht die Stressreaktion im Körper.
5. Meide Lebensmittel mit künstlichen Zusatzstoffen, Konservierungsstoffen und anderen Chemikalien. Iss stattdessen mehr nährstoffreiche und natürliche Lebensmittel.
6. Springe Seil oder übe dich auf einem Minitrampolin, um das lymphatische System im Körper anzuregen.
7. Verbringe täglich Zeit in der Natur. Mach z. B. einen Spaziergang im Park, im Wald oder am See.
8. Gehe mehr barfuß auf Rasen, Sand oder Erde. Das beruhigt den Körper.

9. Meide Lebensmittel mit viel Zucker, wie Cookies, Eiscreme und Milchschokolade. Sie sorgen für starke Blutzuckerspiegelschwankungen und Energietiefs.
10. Iss dein Mittagessen in der schönen Jahreszeit an der frischen Luft und bei natürlichem Licht. Dies hilft, klarer zu denken und die Perspektive zu wechseln.
11. Iss als Zwischenmahlzeit Lebensmittel mit vielen Ballaststoffen und Antioxidantien, wie z. B. Beeren.
12. Achte auf deine Körperhaltung, vor allem beim Sitzen.
13. Schreibe täglich drei Dinge auf, für die du dankbar bist.
14. Zeige deine Liebe zu anderen Menschen durch Handlungen. Sei ehrlich, geduldig, freundlich und authentisch.
15. Lächle öfter. Durch Lächeln werden mehr Glückshormone im Körper ausgeschüttet, die dafür sorgen, dass du dich wohlfühlst.
16. Räume deinen Schreibtisch auf. Das verbessert den Fokus und die Produktivität.
17. Erstelle eine To-do-Liste mit den Dingen, die du bisher aufgeschoben hast, und beginne mit den Dingen, die dich am meisten Widerstand kosten. Dies befreit und hilft, sich vorwärts zu bewegen.
18. Atme tief durch. Dadurch werden Körper und Gehirn mit mehr Sauerstoff versorgt und das Energieniveau wird erhöht.
19. Führe gute und aufbauende Gespräche. Diese motivieren und helfen, klarer und strukturierter zu denken.
20. Rede weniger und mit Bedacht.
21. Höre Musik, die deine Stimmung aufhellt und beruhigt.
22. Vergib dir selbst und anderen und sei bereit für Veränderungen.
23. Umarme die Menschen, die du liebst.

Fazit: Mach es wie Beppo!

Als Kind habe ich das Buch *Momo* von Michael Ende geliebt. Besonders an Beppo, den Straßenkehrer, denke ich mit einem schönen Gefühl zurück. An einer Stelle des Buchs erklärt er Momo sein Berufsgeheimnis.

> *»Es ist so: Manchmal hat man eine sehr lange Straße vor sich. Man denkt, die ist so schrecklich lang, die kann man niemals schaffen, denkt man. (…) Und dann fängt man an, sich zu eilen. Und man eilt sich immer mehr. Jedes Mal, wenn man aufblickt, sieht man, dass es gar nicht weniger wird, was noch vor einem liegt. Und man strengt sich noch mehr an, man kriegt es mit der Angst zu tun und zum Schluss ist man ganz aus der Puste und kann nicht mehr. Und die Straße liegt immer noch vor einem. So darf man es nicht machen! (…) Man darf nie an die ganze Straße auf einmal denken, verstehst du? Man muss nur an den nächsten Schritt denken, den nächsten Atemzug, den nächsten Besenstrich. Und immer wieder nur den nächsten. (…) Dann macht es Freude; das ist wichtig, dann macht man seine Sache gut. Und so soll es sein.«*[51]

Mach es wie Beppo! Guck dir Herausforderungen portionsweise an! Denn viele kleine Schritte bringen dich leichter und zufriedener ans Ziel. Selbst minimale Veränderungen können große

Effekte haben. Stell dir ein Flugzeug vor, das seinen Kurs nur ganz geringfügig verändert. Bei einer Flugstrecke von Tausenden von Kilometern hat das eine beträchtliche Auswirkung auf das Reiseziel. Genauso ist es mit deinem Verhalten. Selbst mit kleinen Verhaltensänderungen kannst du deine persönlichen Möglichkeiten erweitern. Das Bewusstsein für die kleinen Dinge hilft dir schließlich, dein ganzes Potenzial auszuschöpfen.

Dazu gehört auch, dir die Macht der Gewohnheit zunutze zu machen. Gewohnheiten sind deine Navigations-App durchs Leben. Sie geben dir Sicherheit und Orientierung, wenn du Dinge zur Routine machst, die dir guttun! Deswegen ist es wichtig, Gewohnheiten, die dir nicht wirklich guttun, zu erkennen und abzulegen. Auch Dinge, die anfangs schwierig erscheinen, sind machbar. Denk nur mal dran, dass es vielen Autofahrer*innen noch in den 1970er-Jahren untragbar schien, sich anzuschnallen. Doch als 1976 die Gurtpflicht kam und ab 1984 dann auch eine Geldstrafe fürs Nicht-Angeschnalltsein, ging es plötzlich doch. Das Beispiel zeigt: Wie wir uns verhalten, ist natürlich nicht nur von uns selbst abhängig, sondern auch von unserem Umfeld und den Strukturen, in denen wir leben. Du bist in eine Gesellschaft eingebunden und musst dein Verhalten mit anderen abstimmen. Das führt dazu, dass du manchmal deine Ziele und dein persönliches Wohlbefinden zurückstellen musst. Aber auch innerhalb von gesellschaftlichen Strukturen, Normen und Regeln gibt es Freiräume und die Möglichkeit zu entscheiden. Innerhalb dieser Rahmenbedingungen hast du immer die Wahl, wie du dich verhältst!

Wenn wir also Entscheidungsfreiheit genießen, kann man sich dann auch einfach bewusst dafür entscheiden, zufrieden zu sein? Kann man sich Zufriedenheit angewöhnen? Schließlich ist es ein Gefühl, das von innen kommt. Zufriedenheit ist nicht von Glück abhängig. Zufriedenheit ist sogar der dauerhaftere Zustand. Natürlich kannst du einiges für deine Zufriedenheit tun – davon handelt dieses Buch. Aber es ist ein bisschen wie die Frage mit dem Huhn und dem Ei. Was war zuerst da? Was bedingt was? Bedingt dein Handeln dein inneres Wohlbefinden oder bedingt dein Fühlen das Handeln? Die Wahrheit liegt wie so oft, irgendwo dazwischen. Das führt zu der Frage: Macht erfolgreiches Handeln zufrieden oder hast du automatisch Erfolg, wenn du zufrieden bist? Die Psychologin und Psychotherapeutin Dr. Elisabeth Lukas meint dazu, dass wer dem Erfolg hinterherjagt, nie glücklich werde. Erfolg sei etwas, das »er-folgen« müsse.[52]

Oft stellen wir völlig überhöhte Erwartungen an uns selbst, an unser Leben und auch an unsere Mitmenschen. Wenn Erfolg quasi passiv erfolgen muss – als logische Konsequenz unseres Verhaltens und unserer Einstellung, dann müssen wir locker lassen und darauf vertrauen, dass wir genau richtig sind, so wie wir sind. Mit zu viel Verbissenheit stehen wir unserer Zufriedenheit im Weg.

Das bedeutet aber nicht, dass du deine persönlichen Ziele und deine Zufriedenheit dem Zufall überlassen musst. Du kannst natürlich die Hände in den Schoß legen und nur gemäß den Erwartungen anderer handeln. Du kannst aber auch selbst aktiv werden! Der amerikanische Philosoph und Bürgerrechtler Howard Thurman formulierte diese Haltung treffend in seinem Denkanstoß, »Frage nicht, was die Welt braucht, frage, was dich lebendig werden lässt, und dann gehe hinaus und tue es.« Für mich bedeutet das: Frage nicht, was die Welt zufrieden macht, frage, was dich zufrieden werden lässt. Denn das, was die Welt zu einem glücklichen Ort macht, sind zufriedene Menschen. Und wenn es für deine Zufriedenheit nur klitzekleiner Veränderungen deines Verhaltens oder deiner Gewohnheiten bedarf, dann gehe los und ändere etwas! Dann wirst du Freude haben und mit Gelassenheit, Zuversicht und Zufriedenheit dein Leben meistern.

Verwendete Literatur

Aaronson, S. T. et al.: »The Gut-Brain Axis: The Missing Link in Depression, A 5-Year Observational Study of Patients With Treatment-Resistant Depression Treated With Vagus Nerve Stimulation or Treatment as Usual: Comparison of Response, Remission, and Suicidality«, in: *Clinical Psychopharmacology Neuroscience* 2015; 13(3): 239–244. doi: 10.9758/cpn.2015.13.3.239, PMCID: PMC4662178, PMID: 26598580

Abramson, J.: »Can Hillary Clinton convince in the age of the goldfish?«, in: *The Guardian* 17 May 2016. https://www.theguardian.com/commentisfree/2016/may/17/hillary-clinton-policy-donald-trump-attention-span

Adcock, R. A./Thangavel, A./Whitfield-Gabrieli, S./Knutson, B./Gabrieli, J. D.: »Reward-motivated learning: mesolimbic activation precedes memory formation«, in: *Neuron* 2006; 50(3): 507–517

Aharon, I. et al.: »Beautiful Faces Have Variable Reward Value: fMRI and Behavioral Evidence«, in: *Neuron* November 08, 2001. https://doi.org/10.1016/S0896-6273(01)00491-3

Ahlskog, J.: »Does vigorous exercise have a neuroprotective effect in Parkinson disease?«, in: *Neurology* 2011; 77(3): 288–294. doi:10.1212/WNL.0b013e318225ab66

Ajzen, I.: »The Theory of Planned Behavior«, in: *Organizational Behavior and Human Decision Processes* 1991; 50(2): 179–211

Allen, D.: *Wie ich die Dinge geregelt kriege. Selbstmanagement für den Alltag*, München 2005

Apriori, K.: »Die Macht der Gewohnheiten«, Berlin 2019. https://www.karlieapriori.de/post/die-macht-der-gewohnheit

Archer, T.: »Physical exercise alleviates debilities of normal aging and Alzheimer's disease«, in: *Acta Neurol Scand* 2011; 123(4): 221–238. doi:10.1111/j.1600-0404.2010.01412.x

Ariely, D.: »On how ›Fear of missing out‹ works«, in: *Academics.* April 2015. https://today.duke.edu/2015/04/dan-ariely-how-%E2%80%98fear-missing-out%E2%80%99-works

Aron, A./Fisher, H./Mashek, D. J.: »Reward, Motivation, and Emotion Systems Associated With Early-Stage Intense Romantic Love«, in: *Journal of Neurophysiology* 2005; 01. July. https://doi.org/10.1152/jn.00838.2004

Babyak, M./Blumenthal J./Herman S. et al.: »Exercise treatment for major depression: maintenance of therapeutic benefit at 10 months«, in: *Psychosom Med* 2000; 62: 633–638

Bandura, A.: *Social foundations of thought and action. A social cognitive theory*, Englewood Cliffs/New Jersey 1986

Bauer, J.: *Selbststeuerung. Die Wiederentdeckung des freien Willens*, München 2015

Ben Simon, E./Walker, M. P.: »Sleep loss causes social withdrawal and loneliness«, in: *Nature Communication* 2018; 9(1). doi: 10.1038/s41467–018-05377–0

Ben Simon, E. et al.: »Losing Neutrality. The Neural Basis of Impaired Emotional Control without Sleep«, in: *Journal of Neuroscience* 2015; 35(38): 13194–13205. https://doi.org/10.1523/JNEUROSCI.1314–15.2015

Benedict, Ch./Brooks, S./ Nordenskjöld, R. et al.: »Association between physical activity and brain health in older adults«, in: *Neurobiology of Aging* 2012; 34(1): 83–90

Benton, D./Williams, C./A Brown: »Impact of consuming a milk drink containing a probiotic on mood and cognition«, in: *European Journal of Clinical Nutrition* 2007; 61: 355–361

Biesinger R.: »Dopamin und das Belohnungssystem«, in: Ders.: *Ohne Dop(amin)e ist alles doof.* Wiesbaden 2019

Blech, J.: »Dünger fürs Gehirn«, in: *Spiegel Online* 2008. www.spiegel.de/spiegel/a-597556.html

Brunmüller, E.: »Die Macht der Gewohnheit: 5 Gewohnheiten, um Ablenkungen zu vermeiden«, Februar 2016. https://www.macht-der-gewohnheit.com/ablenkungen-vermeiden/

Bundesministerium für Arbeit, Soziales, Gesundheit und Konsumentenschutz: Mesolimbisches Belohnungssystem, 2019. https://www.gesundheit.gv.at/lexikon/m/lexikon-mesolimbisches-belohnungssystem

Casey. B. J. et al.: »Behavioral and neural correlates of delay of gratification

40 years later«, in: *PNAS* September 6, 2011; 108(36): 14998–15003. https://doi.org/10.1073/pnas.1108561108

Chaddock L. et al.: »Basal Ganglia Volume Is Associated with Aerobic Fitness in Preadolescent Children«, in: *Developmental Neuroscience* 2010; 32: 249–256. doi: 10.1159/000316648

Choi, J. J. et al.: »Defined Contribution Pensions: Plan Rules, Participant Choices, and the Path of Least Resistance«, in: *Tax Policy and the Economy* 2002; 16: 67–113. https://doi.org/10.1086/654750

Cirillo, F.: *The Pomodoro Technique*, Morrisville 2018

Clear, J.: *Atomic Habits. An Easy & Proven Way to Build Good Habits & Break Bad Ones*, New York 2018

Cohen, J. R. et al.: »A unique adolescent response to reward prediction errors«, in: *Nature Neuroscience* 2010; 13: 669–671

Cross-Villasana, F./Gröpel, P./Doppelmayr, M./Beckmann, J.: »Unilateral Left-Hand Contractions Produce Widespread Depression of Cortical Activity after their Execution«, in: *PLOS One* 2015; 11(2): https://doi.org/10.1371/journal.pone.0150048

Dreher, J.-C. et al.: »Age-related changes in midbrain dopaminergic regulation of the human reward system«, in: *PNAS* September 30, 2008; 105(39): 15106–15111. https://doi.org/10.1073/pnas.0802127105

Coles, K./Tomporowski, P. D.: »Effects of acute exercise on executive processing, short-term and long-term memory«, in: *Journal of Sports Science* 2008; 26: 333–344. doi:10.1080/02640410701591417

Cordova, C. et al.: »Acute exercise performed close to the anaerobic threshold improves cognitive performance in elderly females«, in: *Braz J Med Biol Res* 2009; 42(5): 458–464. doi:10.1590/S0100-879X2009000500010

Deger, M./Helias, M./Rotter, S./Diesmann, M.: »Spike-Timing Dependence of Structural Plasticity Explains Cooperative Synapse Formation in the Neocortex«, in: *PLoS Comput Biol* 2012; 8: e1002689. doi:10.1371/journal.pcbi.1002689

Deroche-Gamonet, V./Belin, D./Piazza, P.: »Evidence for Addiction-like Behavior in the Rat«, in: *Science* 2004; 305(5686): 1014–1017. doi: 10.1126/science.1099020

Dilk, A./Littger, H.: »Gewohnheiten ändern. Du musst besser werden! Wirtschaftsmagazin ›enorm‹«, in: *Spiegel Online* 2014. https://www.spiegel.de/wirtschaft/gewohnheiten-raus-aus-der-routine-a-965136.html

Donner, S.: »Extinktion: umlernen lernen«, 2014. https://www.dasgehirn.info/handeln/verlernen/extinktion-umlernen-lernen

Dryden, J.: *Low serotonin-receptor levels linked to depression*. Washington University Saint Louis, 2002. https://source.wustl.edu/2002/01/low-serotoninreceptor-levels-linked-to-depression/

Durga, J. et al.: »Effect of 3-year folic acid supplementation on cognitive function in older adults in the FACIT trial: a randomised, double blind, controlled trial«, in: *The Lancet* 2007; 369(9557): 208–216. https://doi.org/10.1016/S0140–6736(07)60109–3

Echtermeyer, B.: »Wir dürfen uns öfter selbst belohnen«, 2019. https://www.happinez.de/blog/wir-duerfen-uns-oefter-selbst-belohnen/

Ende, M.: *Momo*. Stuttgart 1973. S. 37 f.

Euripides: Hippolytos 375–383a. Stuttgart 1961

Falkai, P.: »Entspannungsverfahren«. www.neurologen-und-psychiater-im-netz.org

Gahr, M.: »Neurale Grundlagen von Motivation und Emotion«, in: Dudel, J./Menzel, R./Schmidt, R. F. (Hrsg.): *Neurowissenschaft. Vom Molekül zur Kognition*, Berlin/Heidelberg 2013: 465–486

Galvan, A./Todd, A./Hare, C. et al.: »Earlier Development of the Accumbens Relative to Orbitofrontal Cortex Might Underlie Risk-Taking Behavior in Adolescents«, in: *Journal of Neuroscience* 2006; 26(25): 6885–6892

Gausby, A.: *Microsoft Attention Spans Research Report*. 2015. https://de.scribd.com/document/265348695/Microsoft-Attention-Spans-Research-Report

Giedd, J. N. et al.: »Brain development during childhood and adolescence: a longitudinal MRI study«, in: *Nature Neuroscience* 1999; 2: 861–863

Gielas, A.: »Wie das Gehirn uns froh macht«, in: *Psychologie heute,* Januar 2019. https://www.psychologie-heute.de/leben/39745-wie-das-gehirn-uns-froh-macht.html

Gollwitzer, P. M.: »Implementation Intentions and Goal Achievement: A Meta-Analysis of Effects and Processes«, in: *Advances in Experimental Social Psychology* 2006; 38: 69–119. https://kops.unikonstanz.de/bitstream/handle/123456789/10973/06GollwitzerSheeran_ImplementationIntentionsAndGoalAchievement.pdf?sequence=

Helfrich, R. F./Fiebelkorn, I. C./Szczepanski, S. M. et al.: »Neural Mechanisms of Sustained Attention Are Rhythmic«, in: *Neuron* 2018; 99(4): 854–865

Hillman, C. H./Erickson, K. I./Kramer, A. F.: »Be smart, exercise your heart: exercise effects on brain and cognition«, in: *Nature Reviews Neuroscience* 2008; 9: 58–65

Hollmann, W./Strüder, H. K./Tagarakis, C. V. M.: »Körperliche Gesundheit fördert Gehirngesundheit und -leistungsfähigkeit«, in: *Nervenheilkunde* 2003; 22(09): 467–474

Hudson, N. W./Roberts, B. W.: »Goals to change personality traits. Concurrent links between personality traits, daily behavior, and goals to change oneself«, in: *Journal of Research in Personality* 2014; 53: 68–83

Hung, T. M. et al.: »The immediate and sustained effects of acute exercise on planning aspect of executive function«, in: *Psychol Sport Exerc* 2013; 14(5): 728–736. doi:10.1016/j.psychsport.2013.05.004

Jakobovits, L.: *Effects of repeated stimulation on cognitive aspects of behavior: some experiments on the phenomenon of semantic satiation*. Doctoral thesis, Department of Psychology, McGill University, Montreal 1962.

Karberg, S.: »Man muss sich selbst testen«, 2011. www.dasgehirn.info

Kastner, S.: »Unsere Vorstellung von Aufmerksamkeit ist eine große Illusion«, 2018. https://www.zeit.de/digital/internet/2018-10/sabine-kastner-psychologie-aufmerksamkeit-konzentration-smartphone-gehirn

Kirby, K. N./Petry, N. M.: »Heroin and cocaine abusers have higher discount rates for delayed rewards than alcoholics or non-drug-using controls«, in: *Addiction* 2004; 99(4): 461–471. https://doi.org/10.1111/j.1360-0443.2003.00669.x

Klöckner, L.: »Wundermittel Bewegung«, in: *Zeit Wissen* 2/2014. https://www.zeit.de/zeit-wissen/2014/02/sport-bewegung-gesundheit-therapie/seite-3

Kornwachs, K.: »Wenn Geld als Belohnung versagt«, in: *Spiegel Online* 19.11.2009. https://www.spiegel.de/wissenschaft/mensch/psychologie-wenn-geld-als-belohnung-versagt-a-661742.html

Koscak Tivadar, B.: »Physical activity improves cognition: possible explanations«, in: *Biogerontology* 2017; 18(4): 477–483

Krämer, T.: »Schaltkreise der Motivation«, 2013. https://www.dasgehirn.info/denken/motivation/schaltkreise-der-motivation

Krämer, T.: »Erfolg, ein starker Motivator«, 2018. https://www.dasgehirn.info/denken/motivation/erfolg-ein-starker-motivator

Kupferschmidt, K.: »Sucht – Motivation zu schlechten Zielen«, 2018.

https://www.dasgehirn.info/denken/motivation/sucht-motivation-zu-schlechten-zielen, https://www.spektrum.de/frage/wie-viele-zellen-hat-der-mensch/620672,

Lally, P./van Jaarsveld, C. H. M./Potts, H. W. W./Wardle, J.:

»How are habits formed: Modelling habit formation in the real world«, in: *European Journal of Social Psychology* 2009. https://onlinelibrary.wiley.com/doi/abs/10.1002/ejsp.674

Langer, T./Nolte, S.: »Eine Frage der Disziplin?«, in: Glatzmeier, A./Hilgert, H. (Hrsg.): *Entscheidungen*, Wiesbaden 2015: 55–74

Laube, C./van den Bos, W.: »It's about time: How integral affect increases impatience«, in: *Emotion* 2018. doi:10.1037/emo0000553

Lepper, M. R./Greene, D./Nisbett, R. E.: »Undermining childrens' intrinsic interest with extrinsic reward: A test of the ›overjustification‹ hypothesis«, in: *Journal of Personality and Social Psychology* 1973; 28(1): 129–137

Lewis, M.: »Obama's Way«, in: *Vanity Fair*, Oktober 2010. https://www.vanityfair.com/news/2012/10/michael-lewis-profile-barack-obama

Linden, D.: *High. Woher die guten Gefühle kommen*, München 2012

Luman, M. et al.: »Identifying the neurobiology of altered reinforcement sensitivity in ADHD: A review and research agenda«, in: *Neuroscience & Biobehavioral Reviews* 2010; 34(5): 744–754. https://doi.org/10.1016/j.neubiorev.2009.11.021

Maltz, M.: *Erfolg kommt nicht von ungefähr*, Düsseldorf 1962

Margraf, J./Schneider, S.: *Lehrbuch der Verhaltenstherapie. Band 1: Grundlagen, Diagnostik, Verfahren, Rahmenbedingungen*. Berlin/Heidelberg 2009

Mark, G./Gonzalez, V. M./Bren, J. H. D.: *No Task Left Behind? Examining the Nature of Fragmented Work*, Portland/Oregon 2007. https://www.ics.uci.edu/~gmark/CHI2005.pdf

Marx, K.: *Das Kapital. Kritik der politischen Ökonomie*, Bd. I, Hamburg 1867

Maybin, S.: »Busting the attention span myth«, BBC World Service, March 2017. https://www.bbc.com/news/health-38896790

McHill, A. W./Melanson, E. W./Higgins, J. et al.: »Impact of circadian misalignment on energy metabolism during simulated nightshift work«, in: *PNAS* 2014. https://doi.org/10.1073/pnas.1412021111

McSpadden, K.: »You Now Have a Shorter Attention Span Than a Goldfish«, in: *Time* 14 May 2015. http://time.com/3858309/attention-spans-goldfish/

Mischel, W./Ebbesen, E. B./Raskoff Zeiss, A.: »Cognitive and Attentional Mechanisms in Delay of Gratification«, in: *Journal of Personality and Social Psychology* 1972; 21(2): 204–218

Moeliker, K.: Dead Duck Day. 1996. https://moeliker.wordpress.com/dead-duck-day-een-korte-geschiedenis/

Müller, J.: »Nicht denken, machen«, 2018. https://www.dasgehirn.info/entdecken/fussball/nicht-denken-machen

Netz, Y./Wu, M./Becker, B./Tenenbaum, G.: »Physical activity and psychological well-being in advanced age: a meta-analysis of intervention studies«, in: *Psychol Aging* 2005; 20: 272–284

Nonnenmacher, A.: »Mesolimbisches System«, 2019. https://medlexi.de/Mesolimbisches_System

Ohne Autor: »Die innere Uhr«. http://www.schlaf.de/was_ist_schlaf/1_20_innere_uhr.php?navid= 9

Ohne Autor: »Drogensucht bei Tieren«, in: *Pharmazeutische Zeitung* 2017. https://www.pharmazeutische-zeitung.de/ausgabe-502017/highlife-zwischen-land-und-meer/

Ohne Autor: »Ich bin jetzt nicht erreichbar: Gesunde Grenzen setzen«. https://www.7mind.de/magazin/ich-bin-jetzt-nicht-erreichbar-gesunde-grenzen-setzen

Ohne Autor: »Klassische Konditionierung nach Pawlow«, in: Lehrtextsammlung der Abteilung für Pädagogik & Pädagogische Psychologie am Institut für Pädagogik und Psychologie der Johannes Kepler Universität Linz. http://paedpsych.jk.uni-linz.ac.at/4711/LEHRTEXTE/LERNEN/klassi.htm#Die

Ohne Autor: »Sich selbst belohnen: Tu Dir was Gutes!«, *Foerderland.de* 2009. https://www.foerderland.de/organisieren/news/artikel/sich-selbst-belohnen-tu-dir-was-gutes/

Ohne Autor: »So entwickelst du ein entspanntes Verhältnis zum Thema Bewegung«. https://www.7mind.de/magazin/so-entwickelst-du-ein-entspanntes-verhaeltnis-zum-thema-bewegung

Ohne Autor: »Stressbedingte Erkrankungen«. Uniklinikum Essen. https://www.ukgm.de/ugm_2/deu/ugi_pso/17813.html

Ohne Autor: »University of California Los Angeles. Scientists Learn How Food Affects The Brain: Omega 3 Especially Important«, in: *ScienceDaily* 11 July 2008. https://www.sciencedaily.com/releases/2008/07/080709161922.htm

Ohne Autor: »Wenn Sie morgens nicht aus dem Bett kommen«. http://www.schlaf.de/was_ist_schlaf/1_10_60_morgensausdembett.php?navid= 8

Ohne Autor: »Wie aus Fehlern Stärken werden«.
https://www.7mind.de/magazin/wie-aus-fehlern-staerken-werden

Ohne Autor: »Wie die Atmung unser Gehirn beeinflusst«. https://www.brain-effect.com/magazin/atmung-gehirn

Ohne Autor: »Wie mache ich Stopp mit der Überlastung«. https://www.7mind.de/magazin/wie-mache-ich-stopp-mit-der-ueberlastung

Ohne Autor: »Wie stimulierst du deinen Vagusnerv?«, 2018. https://www.functional-basics.de/vagusnerv-stimulieren/

Ohne Autor: »Wieviel Schlaf braucht der Mensch?«. http://www.schlaf.de/was_ist_schlaf/1_40_wieviel_schlaf.php?navid= 15

Ohne Autor: »Zwischen Eso-Kitsch & Trend: Was heißt Achtsamkeit für dich?«. https://www.7mind.de/magazin/zwischen-eso-kitsch-und-trend-was-heisst-achtsamkeit-fuer-dich

Olds, J./Milner, P.: »Positive reinforcement produced by electrical stimulation of septal area and other regions of rat brain«, in: *Journal of Comparative and Physiological Psychology* 1954; 47(6): 419–427. http://dx.doi.org/10.1037/h0058775

Owens, D./Bunker, L. K.: *Coaching Golf Effectively: The American Coaching Effectiveness Program*, o. O. 1989

Pascoe, M. C./Thompson, D. R./Ski, C. F. : »Yoga, mindfulness-based stress reduction and stress-related physiological measures. A meta-analysis«, in: *Psychoneuroendocrinology* 2017; 86: 152–168

Peng, Li et al: »The peptidergic control circuit for sighing«, in: *Nature* 2016; 530: 293–297. https://www.nature.com/articles/nature16964

Pesce, C.: »Enhancing cognitive functioning and brain plasticity«, in: *Ment Health Phys Act* 2009; 2(1): 16–22. doi:10.1016/j.mhpa.2009.02.001

Posmik, K.: »Einführung der Gurtpflicht. Anschnallen bitte!«, in: *Spiegel online* 23.12.2010. https://www.spiegel.de/geschichte/einfuehrung-der-gurtpflicht-a-946925.html

Rauen, C. (Hrsg.): »Glaubenssätze erkennen und verändern«. www.coaching-tools.de. https://www.coaching-tools.de/thematische-tools/glaubenssaetze-erkennen-und-veraendern.html

Rilling, J. K./Gutman, D. A./Zeh, T. R. et al.: »A Neural Basis for Social Cooperation.«, in: *Neuron* 2002; 35: 395–405

Rilling, J. K. et al. : »The neural correlates of the affective response to unreciprocated cooperation«, in: *Neuropsychologia* 2008; 46(5): 1256–1266. https://doi.org/10.1016/j.neuropsychologia.2007.11.033

Roberts, B. W./Luo, J./Briley, D. A. et al.: »A systematic review of personality trait change through intervention«, in: *Psychological Bulletin* 2017; 143(2): 117–141

Rosenberg, S.: *Der Selbstheilungsnerv. So bringt der Vagus-Nerv Psyche und Körper ins Gleichgewicht*, Kirchzarten 2018

von Rutenberg, J.: »Der Fluch der Unterbrechung«, in: *Zeit online* 09.11.2006. https://www.zeit.de/2006/46/Unterbrechungen/komplettansicht

Salamone, J. D. et al.: »Dopamine, Effort-Based Choice, and Behavioral Economics: Basic and Translational Research«, in: *Frontiers in Behavioral Neuroscience* 23 March 2018

Sanhueza, C./Ryan, L./Foxcroft, D. R.: »Diet and the risk of unipolar depression in adults: systematic review of cohort studies«, Wiley online library 18 October 2012. https://doi.org/10.1111/j.1365–277X.2012.01283.x

Schnurr, E.-M.: »Iss dich glücklich!«, in: *Zeit Wissen* 5/2010. https://www.zeit.de/zeit-wissen/2010/05/Iss-dich-gluecklich

Schönhaar, L.: »Diese 4 Dinge könnt ihr tun, um eure Stimmung sofort zu verbessern«, in: *Business Insider Deutschland* Januar 2017. https://zc.tt/diese-4-dinge-koennt-ihr-tun-um-eure-stimmung-sofort-zu-verbessern/

Schröder, J. M.: »Mehr Mut wagen«, in: *Einfach Sein* 2018; 4, S. 57.

Simmank, J.: »Der Marshmallow, entmachtet?«, in: Zeit online, 8.6.2018. https://www.zeit.de/wissen/2018-06/selbstkontrolle-marshmallow-test-psychologie-experiment-selbstbeherrschung/seite-2

Simmank, J./Murawski, C./Bode, S./Horstmann, A.: »Incidental rewarding cues influence economic decisions in people with obesity«, in: *Frontiers in Behavioral Neuroscience* 2015. https://doi.org/10.3389/fnbeh.2015.00278.

Sinofzik, A.: »Jenseits des Zwerchfells«, in: *Zeit online* Januar 2019. https://www.zeit.de/entdecken/2018–12/atemtechnik-zwerchfell-atmung-breathworking-stress-frequenz

Skinner, B. F./Ferster, C. B.: *Schedules of Reinforcement*, Englewood Cliffs/New Jersey 1957

Skinner, B. F.: *Wissenschaft und menschliches Verhalten*, München 1973

Specht, J.: *Charakterfrage. Wer wir sind und wie wir uns verändern*, Reinbek 2018

Spitzer, M. et al.: »Impact of aerobic exercise training on cognitive functions and affect associated to the COMT polymorphism in young adults«, in: *Neurobiology of Learning and Memory* 2010; 94(3): 364–372. https://doi.org/10.1016/j.nlm.2010.08.003

Stangl, W.: »Arbeitsgedächtnis«, in: Online Lexikon für Psychologie und Pädagogik. 2019. https://lexikon.stangl.eu/1724/arbeitsgedaechtnis-working-memory/

Steinberg, L.: »A social neuroscience perspective on adolescent risk-taking«, in: *Developmental Review* 2008; 28(1): 78–106. https://doi.org/10.1016/j.dr.2007.08.002

Tang, Y. Y./Hölzel, B. K./Posner, M. I. : »The neuroscience of mindfulness meditation«, in: *Nature Reviews Neuroscience* 2015; 16(4): 213–225. doi:10.1038/nrn3916

Techniker Krankenkasse: »Entspann dich, Deutschland. TK-Stressstudie 2016«. https://www.tk.de/resource/blob/2026630/9154e4c71766c410dc859916aa798217/tk-stressstudie-2016-data.pdf (Zugriff: 12.11.2019)

Vergin, J.: »Posttraumatisches Wachstum: Wenn das Trauma stärker macht«, in: *Deutsche Welle* 30.08.2017. https://www.dw.com/de/posttraumatisches-wachstum-wenn-das-trauma-stärker-macht/a-40292716

Watson, J. B./Rayner, R.: »Conditioned emotional reactions«, in: *Journal of Experimental Psychology* 1920; 3(1), 1–14. http://psychclassics.yorku.ca/Watson/emotion.htm

Watson, L.: »Humans have shorter attention span than goldfish, thanks to smartphones«, in: *The Telegraph* 15 Mai 2015. http://www.telegraph.co.uk/science/2016/03/12/humans-have-shorter-attention-span-than-goldfish-thanks-to-smart/,

Watts, T. W./Duncan, G. J./Quan, H.: »Revisiting the Marshmallow Test: A Conceptual Replication Investigating Links Between Early Delay of Gratification and Later Outcomes«, in: *Psychological Science* 2018; 29(7): 1159–1177. https://doi.org/10.1177/0956797618761661

Weeks, J. R.: »Experimental Morphine Addiction: Method for Automatic Intravenous Injections in Unrestrained Rats«, in: *Science* 1962; 138(3537): 143–144

Werner, C. M.: »Differential effects of endurance, interval, and resistance training on telomerase activity and telomere length in a randomized, controlled study«, in: *European Heart Journal* 2019; 40(1): 34–46. https://doi.org/10.1093/eurheartj/ehy585

Wilde, Oscar: *Das Bildnis des Dorian Gray*, Frankfurt/Main 2008

Wilhelmi de Toledo, F. et al.: »Safety, health improvement and well-being during a 4 to 21-day fasting period in an observational study including 1422 subjects«, in: *PloS One* 2019; 14(1). https://doi.org/10.1371/journal.pone.0209353

Wilson, G.: »The ›Infomania‹ Study«, 2010. http://www.drglennwilson.com/Infomania_experiment_for_HP.doc

Wohlers, K./Hombrecher, M.: »Entspann dich, Deutschland. TK-Stressstudie 2016«, hrsg. v. der Techniker Krankenkasse.

Wolf, C.: »Lernen durch Verknüpfen«, 2012. https://www.dasgehirn.info/handeln/lernen/lernen-durch-verknuepfen

Wolf, D.: »Ungeduld«, in: *Lexikon der Psychologie. Lebenshilfe-ABC*, PAL Verlag. https://www.palverlag.de/lebenshilfe-abc/ungeduld.html

Wolf, D.: »Fortschritt, Stillstand, Rückschritt beim Ändern von Gewohnheiten«, PAL Verlag. https://www.angst-panik-hilfe.de/fortschritte-rueckschritte.html

Wood, W./Tam, L./Witt, M. G.: »Changing circumstances, disrupting habits«, in: *Journal of Personality and Social Psychology* 2005; 88(6): 918–933

Wood, W./Neal, D. T.: »Healthy through habit: Interventions for initiating & maintaining health behavior change«, in: *Behavioral Science & Policy* 2016; 2(1): 71–83

Wood, W.: *Good Habits, Bad Habits – The Science of Making Positive Changes That Stick*, New York 2019

Zajonc, R. B.: »Attitudinal effects of mere exposure«, in: *Journal of Personality and Social Psychology* 1968; 9(2, Pt.2): 1–27. https://psycnet.apa.org/record/1968-12019-001

Zanarini, M. C./Frankenburg, F. R.: »Omega-3 Fatty Acid Treatment of Women With Borderline Personality Disorder: A Double-Blind, Placebo-Controlled Pilot Study«, in: *American Journal of psychiatry* 2003; 160(1): 167–169. https://doi.org/10.1176/appi.ajp.160.1.167

Zelano, C. et al.: »Nasal Respiration Entrains Human Limbic Oscillations and Modulates Cognitive Function«, in: *Journal of Neuroscience* 2016; 36(49): 12448–12467. http://www.jneurosci.org/content/36/49/12448

Zeug, K.: »Mach es anders!«, in: *Zeit online*. https://www.zeit.de/zeit-wissen/2013/02/Psychologie-Gewohnheiten/seite-2

Anmerkungen

1. Zeug, K: »Mach es anders!«, in: *Zeit online*. https://www.zeit.de/zeit-wissen/2013/02/Psychologie-Gewohnheiten/seite-2
2. Zeug, K: »Mach es anders!«, in: *Zeit online*. https://www.zeit.de/zeit-wissen/2013/02/Psychologie-Gewohnheiten
3. Wood, W.: *Good Habits, Bad Habits – The Science of Making Positive Changes That Stick*, New York 2019
4. Roberts, B. W./Luo, J./Briley, D. A. et al.: »A systematic review of personality trait change through intervention«, in: *Psychological Bulletin* 2017; 143(2): 117–141
5. Hudson, N. W./Roberts, B. W.: »Goals to change personality traits. Concurrent links between personality traits, daily behavior, and goals to change oneself«, in: *Journal of Research in Personality* 2014; 53: 68–83
6. Wood, W./Tam, L./Witt, M. G.: »Changing circumstances, disrupting habits«, in: *Journal of Personality and Social Psychology* 2005; 88(6): 918–933
7. Saint-Exupéry, A. de: *Die Stadt in der Wüste*, Düsseldorf 1969
8. Watson, J. B./Rayner, R.: »Conditioned emotional reactions«, in: *Journal of Experimental Psychology* 1920; 3(1), 1–14. http://psychclassics.yorku.ca/Watson/emotion.htm
9. Skinner, B. F./Ferster, C. B.: *Schedules of Reinforcement*. Englewood Cliffs/New Jersey 1957; Skinner, B.F.: *Wissenschaft und menschliches Verhalten*, München 1973
10. Wood, W./Tam, L./Witt, M. G.: »Changing circumstances, disrupting habits«, in: *Journal of Personality and Social Psychology* 2005; 88(6): 918–933
11. Ajzen, I.: »The Theory of Planned Behavior«, in: *Organizational Behavior and Human Decision Processes*, 1991; 50(2): 179–211
12. Zajonc, R. B.: »Attitudinal effects of mere exposure«, in: *Journal of*

Personality and Social Psychology 1968; 9(2, Pt.2): 1–27. https://psycnet.apa.org/record/1968–12019-001

13. Lewis, M.: »Obama's Way«, in: *Vanity Fair*, Oktober 2010. https://www.vanityfair.com/news/2012/10/michael-lewis-profile-barack-obama
14. Zeug, K.: »Mach es anders!«, in: *Zeit online*. https://www.zeit.de/zeit-wissen/2013/02/Psychologie-Gewohnheiten/seite-2
15. Gausby, A.: »Microsoft Attention Spans Research Report«, 2015. https://de.scribd.com/document/265348695/Microsoft-Attention-Spans-Research-Report
16. Helfrich, R. F./Fiebelkorn, I. C./Szczepanski, S. M. et al.: »Neural Mechanisms of Sustained Attention Are Rhythmic«, in: *Neuron* 2018; 99(4): 854–865
17. Wilson, G.: »The ›Infomania‹ Study«, 2010. http://www.drglennwilson.com/Infomania_experiment_for_HP.doc
18. Mark, G./Gonzalez, V. M./Bren, J. H. D.: »No Task Left Behind? Examining the Nature of Fragmented Work«, Portland/Oregon 2007. https://www.ics.uci.edu/~gmark/CHI2005.pdf
19. Lally, P./van Jaarsveld, C. H. M./Potts, H. W. W./Wardle, J.: »How are habits formed: Modelling habit formation in the real world«, in: *European Journal of Social Psychology* 2009. https://onlinelibrary.wiley.com/doi/abs/10.1002/ejsp.674
20. Zeug, K.: »Mach es anders!« in: *Zeit online*. https://www.zeit.de/zeit-wissen/2013/02/Psychologie-Gewohnheiten/seite-2
21. Laube, C./van den Bos, W.: »It's about time: How integral affect increases impatience«, in: *Emotion* 2018. doi:10.1037/emo0000553
22. Ohne Autor: »Drogensucht bei Tieren« in: *Pharmazeutische Zeitung* 2017. https://www.pharmazeutische-zeitung.de/ausgabe-502017/highlife-zwischen-land-und-meer/
23. Aron, A./Fisher, H./Mashek, D. J.: »Reward, Motivation, and Emotion Systems Associated With Early-Stage Intense Romantic Love«, in: *Journal of Neurophysiology* 2005; 01. July. https://doi.org/10.1152/jn.00838.2004
24. Ebd.
25. Rilling, J. K./Gutman, D. A./Zeh, T. R. et al.: »A Neural Basis for Social Cooperation«, in: *Neuron* 2002; 35: 395–405
26. Adcock, R. A./Thangavel, A./Whitfield-Gabrieli, S./Knutson, B./Gabrieli, J. D.: »Reward-motivated learning: mesolimbic activation precedes memory formation«, in: *Neuron* 2006; 50(3): 507–517

27. Krämer, T.: »Schaltkreise der Motivation«, 2013. https://www.dasgehirn.info/denken/motivation/schaltkreise-der-motivation
28. Galvan, A./Todd, A./Hare, C. et al.: »Earlier Development of the Accumbens Relative to Orbitofrontal Cortex Might Underlie Risk-Taking Behavior in Adolescents«, in: *Journal of Neuroscience* 2006; 26(25): 6885–6892
29. Dreher, J.-C. et al.: »Age-related changes in midbrain dopaminergic regulation of the human reward system«, in: *PNAS* September 30, 2008; 105(39): 15106–15111. https://doi.org/10.1073/pnas.0802127105
30. Cross-Villasana, F./Gröpel, P./Doppelmayr, M./Beckmann, J.: »Unilateral Left-Hand Contractions Produce Widespread Depression of Cortical Activity after their Execution«, in: *PLOS ONE 2015*; 11(2): e0150048. https://doi.org/10.1371/journal.pone.0150048;
31. Mischel, W./Ebbesen, E. B./Raskoff Zeiss, A.: »Cognitive and Attentional Mechanisms in Delay of Gratification«, in: *Journal of Personality and Social Psychology* 1972; 21(2): 204–218
32. Watts, T. W./Duncan, G. J./Quan, H.: »Revisiting the Marshmallow Test: A Conceptual Replication Investigating Links Between Early Delay of Gratification and Later Outcomes«, in: *Psychological Science* 2018; 29(7): 1159–1177. https://doi.org/10.1177/0956797618761661
33. Simmank, J.: »Der Marshmallow, entmachtet?«, in: *Zeit online*, 8.6.2018. https://www.zeit.de/wissen/2018–06/selbstkontrolle-marshmallow-test-psychologie-experiment-selbstbeherrschung/seite-2
34. vgl. dazu Kornwachs, K.: »Wenn Geld als Belohnung versagt«, in: *Spiegel Online* 19.11.2009. https://www.spiegel.de/wissenschaft/mensch/psychologie-wenn-geld-als-belohnung-versagt-a-661742.html
35. Lepper, M. R./Greene, D./Nisbett, R. E.: »Undermining childrens' intrinsic interest with extrinsic reward: A test of the ›overjustification‹ hypothesis«, in: *Journal of Personality and Social Psychology* 1973; 28(1): 129–137
36. McHill, A. W./Melanson, E. W./Higgins, J. et al.: »Impact of circadian misalignment on energy metabolism during simulated nightshift work«, in: *PNAS* 2014. https://doi.org/10.1073/pnas.1412021111
37. Ben Simon, E. et al.: »Losing Neutrality: The Neural Basis of Impaired Emotional Control without Sleep«, in: *Journal of Neuroscience* 2015; 35(38): 13194–13205. https://doi.org/10.1523/JNEUROSCI.1314–15.2015
38. Hollmann, W./Strüder, H. K./Tagarakis, C. V. M.: »Körperliche Gesundheit fördert Gehirngesundheit und leistungsfähigkeit«, in: *Nervenheilkunde* 2003; 22(09)467–474

39. Spitzer, M. et al.: »Impact of aerobic exercise training on cognitive functions and affect associated to the COMT polymorphism in young adults«, in: *Neurobiology of Learning and Memory* 2010; 94(3): 364–372. https://doi.org/10.1016/j.nlm.2010.08.003
40. Blumenthal, J. A./Babyak, M. A./Doraiswamy, P. M. et al.: »Exercise and pharmacotherapy in the treatment of major depressive disorder«, in: *Psychosomatic Medicine* 2007; 69(7): 587–596.
41. Schnurr, E.-M.: »Iss dich glücklich!«, in: *Zeit Wissen* 5/2010. https://www.zeit.de/zeit-wissen/2010/05/Iss-dich-gluecklich
42. Sanhueza, C./Ryan, L./Foxcroft, D. R.: »Diet and the risk of unipolar depression in adults: systematic review of cohort studies«, Wiley online library, 18 October 2012. https://doi.org/10.1111/j.1365–277X.2012.01283.x
43. Blech, J.: »Dünger fürs Gehirn«, in: *Spiegel Online* 2008. www.spiegel.de/spiegel/a-597556.html
44. University of California Los Angeles: »Scientists Learn How Food Affects The Brain: Omega 3 Especially Important«, in: *Science Daily,* 11 July 2008.
45. https://www.sciencedaily.com/releases/2008/07/080709161922.htm
46. Zanarini, M. C./Ed., D./Frankenburg, F. R.: »Omega-3 Fatty Acid Treatment of Women With Borderline Personality Disorder: A Double-Blind, Placebo-Controlled Pilot Study«, in: *American Journal of psychiatry* 2003; 160(1): 167–169. https://doi.org/10.1176/appi.ajp.160.1.167
47. Durga, J. et al.: »Effect of 3-year folic acid supplementation on cognitive function in older adults in the FACIT trial: a randomised, double blind, controlled trial«, in: *The Lancet* 2007; 369(9557): 208–216. https://doi.org/10.1016/S0140–6736(07)60109–3
48. Benton, D./Williams, C./A Brown: »Impact of consuming a milk drink containing a probiotic on mood and cognition«, in: *European Journal of Clinical Nutrition* 2007; 61: 355–361
49. Techniker Krankenkasse: »Entspann dich, Deutschland. TK-Stressstudie 2016«. https://www.tk.de/resource/blob/2026630/9154e4c71766c410dc859916aa798217/tk-stressstudie-2016-data.pdf (Zugriff: 12.11.2019)
50. Ariely, D.: »On how ›Fear of missing out‹ works«, in: *Academics*, April 2015. hts://today.duke.edu/2015/04/dan-ariely-how-%E2%80%98fear-missing-out%E2%80%99-workstp
51. Ende, Michael: *Momo.* S. 37 f. © 1973, 2018 von Thienemann in der Thienemann-Esslinger Verlag GmbH, Stuttgart
52. Vgl. Schröder, J. M.: »Mehr Mut wagen«, in: *Einfach Sein* 2018; 4, S. 57.